成为顶尖咨询师
从销售到交付

[英]卡尔弗特·马克汉姆 著　　韩凝　李倩　汪梦琦　译

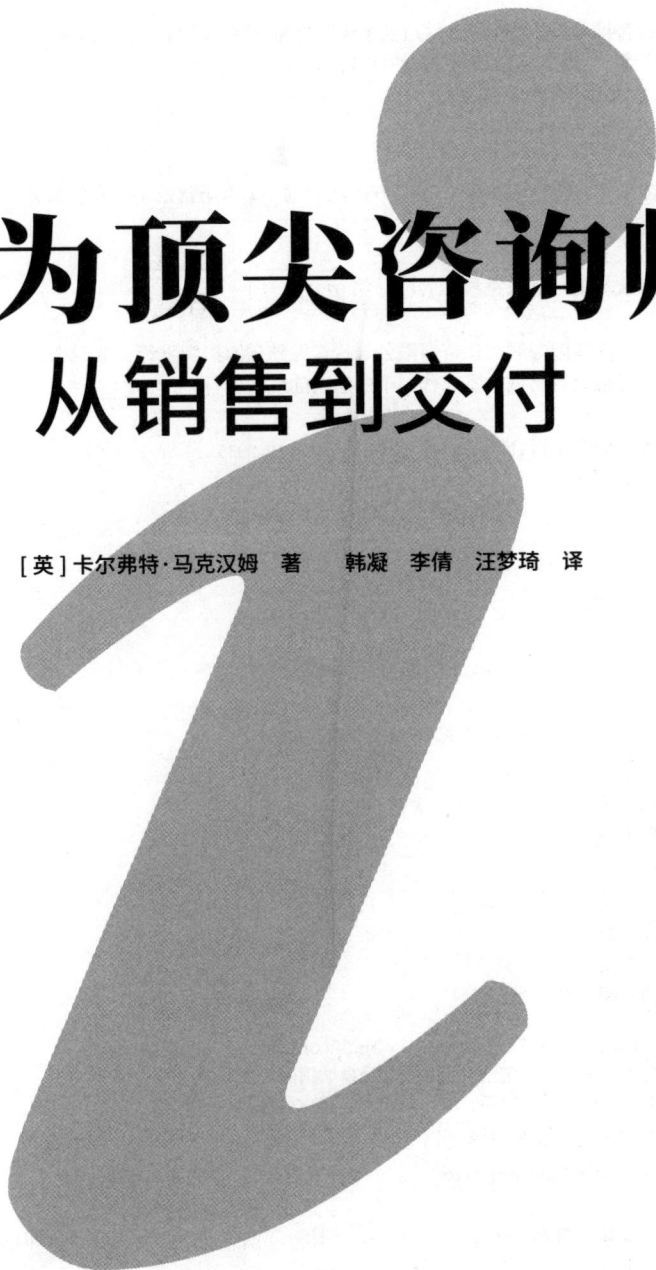

北京时代华文书局

U0721725

图书在版编目(CIP)数据

成为顶尖咨询师:从销售到交付 / (英) 卡尔弗特·马克汉姆 (Calvert Markham) 著;韩凝,李倩,汪梦琦译. -- 北京:北京时代华文书局,2024.6

书名原文:The art of consultancy

ISBN 978-7-5699-5454-8

Ⅰ.①成… Ⅱ.①卡…②韩…③李…④汪… Ⅲ.①市场营销学－咨询服务 Ⅳ.① F713.50

中国国家版本馆 CIP 数据核字 (2024) 第 072552 号

本著作中文简体版经时代传奇有限公司授权大陆独家出版发行,非经书面同意,不得以任何形式,任意重置转载。本著作限于中国大陆地区发行。

北京市版权局著作权合同登记号　图字:01-2019-8035

CHENGWEI DINGJIAN ZIXUNSHI : CONG XIAOSHOU DAO JIAOFU

出 版 人:陈　涛
责任编辑:周海燕
执行编辑:崔志鹏
责任校对:薛　冶
封面设计:程　慧　贾静洁
版式设计:赵芝英
责任印制:刘　银　訾　敬

出版发行:北京时代华文书局 http://www.bjsdsj.com.cn
　　　　　北京市东城区安定门外大街 138 号皇城国际大厦 A 座 8 层
　　　　　邮编:100011　电话:010-64263661　64261528
印　　刷:三河市兴博印务有限公司
开　　本:710 mm×1000 mm　1/16　　　　成品尺寸:160 mm×230 mm
印　　张:19.25　　　　　　　　　　　　字　　数:248 千字
版　　次:2024 年 6 月第 1 版　　　　　　印　　次:2024 年 6 月第 1 次印刷
定　　价:78.00 元

版权所有,侵权必究

本书如有印刷、装订等质量问题,本社负责调换,电话:010-64267955。

我希望在职业生涯中能早点儿遇到这么实用的方法。卡尔弗特为运营咨询项目提供了强有力的指导框架。他的著作让那些希望向客户提供自己专长的人更容易获得咨询工作。

至高学习培训中心

辛西娅·佩克顿—肖

这是卡尔弗特的第七本书，他后面可能还会出更多的书。这本书对专家、新近入行的人和学生都很有用。即使是我们这些在这个行业工作了几十年的人，也需要这样一本工具书来参考。卡尔弗特向我们展示了如何把咨询工作做得严谨和系统化，书中充满了他作为学术专家和资深执业咨询师所提出的实用建议。

咨询协会主席

伊恩·沃森

这本书用简单朴实的语言解释了管理咨询师的角色定义及其在日常生活中面对的挑战，并为我们的工作提供了很好的参考资料。卡尔弗特为我们提供了一名从业者的专业经验，其中涵盖了咨询工作必备的软技能以及解决客户业务问题的有效机制。

阿尔特斯公司咨询主管

马丁·埃文斯

在一个充满变化和技术进步至上的世界里，卡尔弗特重申了人文因素的主导作用，专业主义和合乎道德的行为才是其中的关键。在一个必须比其他行业更频繁地进行自我改造的行业中，以深厚的专业知识为支撑的沟通、演示和影响力技能仍将是关键。

国际管理咨询协会理事会（ICMCI）前主席

索林·才安

前　言

　　在一个以变化为基础并不断推动自身变化的行业中，可能存在一种悖论，即变化才是常态，比如管理和关系构建的变化。事实上，这并不奇怪，因为改变总是一个有着不同视角的问题。或者更确切地说，连续性一直存在，即使有时我们察觉不到它，看不到它，或者并不为其而焦虑。

　　如今咨询行业的结构和活动领域似乎都在发生转变。我们常常被告知，这个行业，尤其是其中的大公司，面临着来自许多方面的冲击，尤其是"零工经济"、经济全球化等方面。我个人的研究也表明，咨询活动在许多情况下都十分成功，咨询也将成为管理主流，显得并不那么独特。同样，在最近一项旨在预测2030年咨询技能的调查中，网络安全、人工智能、大数据和机器人等新兴专业领域也受到了重视。但这个行业永远都会有新的知识，若非如此，咨询业务便会消亡。此外，虽然大型咨询公司的全盛时代已经过去，但无论是行业内的人还是行业外的人都需要这项技能，不管其被贴上什么标签。

　　这本书集中体现了咨询业内经久不衰和广泛传播的内容，同时也是当下我们应该注意的问题。因为大多数资深咨询师和初级咨询师都是在实践中进行尝试和测试，并没有出版太多书籍，对于像我这样的学者来说，参考文献太少了！这本书非常实用，此前已经出版过六版。虽说书中存在各种各样的模型，但它的目标人群是那些希望去做咨询，而非想要解释"咨询"之意的人。本书能传承这么久，也说明它所阐述的正是咨询的精髓所在——全面、简洁且高效（对于那些时间有限的人来说简直是理想之书），这无论对于独立从业者，还是对于咨询商业网络的一部分，或是对于一个"老式"的员工而言，都是如此！

当然，在强调咨询的连续性的同时，也存在忽视新机会的风险，但实际上，这些在构建关系、完成项目的咨询周期中相辅相成。

英国布里斯托大学管理学教授、管理咨询研究者、作家

安德鲁·斯特迪

序　言

　　咨询业务是咨询公司为客户提供专业技能的服务。在这个定义中，核心词是"客户"，暗含的关系是咨询公司从企业外部给企业提供专业技能的服务。但客户（无论如何定义）可以选择是否聘请专家，以及是否采纳专家的建议。不称职的咨询师会很快失去客户。

　　成为一名称职的咨询师需要掌握很多技巧，远不止简单地成为一名精通主要问题的专家，而这正是本书所要探讨的。

　　咨询业是一个蓬勃发展的行业。有越来越多的人涌入这个行业，而这些人都需要学会咨询的技巧。我职业生涯的大部分时间都花在培训他人的咨询技能上，在这本书中，我希望能够抓住那些对从事咨询职业的人有价值的关键领域。

　　然而，随着许多常规任务被自动化取代，管理层们也被期望通过改变来寻求绩效增长。他们必须参与项目，发挥影响力，而不是仅仅发号施令——与咨询师做相同的事情。因此，对咨询和其所需技能的研究是如今商业课程的要点。对那些想要聘请咨询师并与之合作的高管来说，了解咨询也是十分有价值的。

如今，咨询服务由更广泛的组织提供，也涌现了越来越多的新型咨询机构。这些组织的主要业务并非咨询，它们向外界提供他们的专业知识，或者只是为了增加营收，又或是为了让它们的主要产品线更具竞争力。

在各项工作中，绩效的提高往往会通过变革来实现，其间所有部门都参与其中。咨询师被称为"变革的代理人"，我希望这本书能引起所有咨询师的兴趣，也希望它对咨询师有价值。

卡尔弗特·马克汉姆

2019年3月

目录｜CONTENTS

引　言

本书论述了咨询业务中涉及的两个主要过程，一是销售咨询项目，二是交付咨询项目（咨询业务通常是作为一个项目来交付的）。图1展示了对这两个过程的经验性描述（之所以称之为"经验性"，是因为它们是基于经验和观察而不是详细研究得出的）。

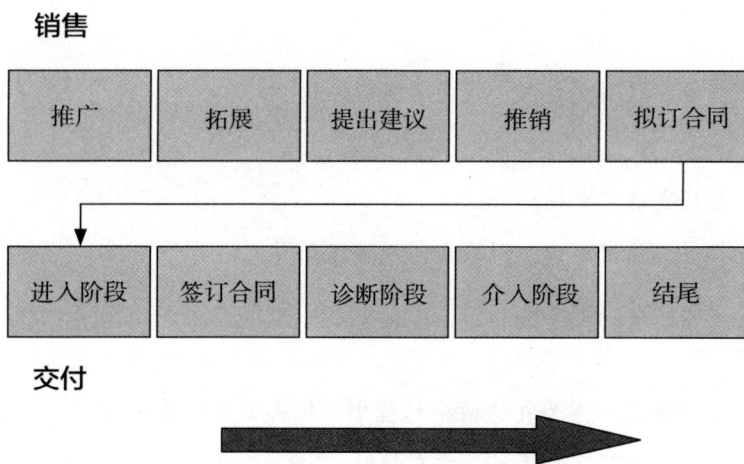

销售

推广	拓展	提出建议	推销	拟订合同

进入阶段	签订合同	诊断阶段	介入阶段	结尾

交付

图1　咨询项目的销售和交付过程

销售过程可以分为五个步骤：

· 推广——寻求潜在客户并与其建立关系。
· 拓展——创造与客户合作的机会。
· 提出建议——针对这个机会提出确切的解决方案。
· 推销——将这个建议出售给客户。
· 拟定合同——初步确认双方的期望

交付过程可以分为五个步骤：

· 进入阶段——与某一客户建立关系。
· 签订合同——双方确定你要做什么以及你要怎么做。
· 诊断阶段——收集资料并解决客户的问题。
· 介入阶段——与客户一起工作，落实解决方案。
· 结尾——完成该项目并离开客户企业。

很明显，以下这几对步骤间有相似之处：

· 推广和进入阶段。
· 拓展、提出建议、拟订合同和签订合同。
· 推销和介入阶段。

这并不奇怪，因为在这两个过程中，你都是在试图影响客户：在销售时，让客户购买你的项目；在交付时，让客户"购买"你的推荐。(事实上，在很多方面，销售过程完全是在进行无偿的咨询服务！)

这些过程构成了本书的框架，由于大多数咨询师主要涉及交付环节，我们就从这里开始。还有一些基本的技能是在各个阶段都需要的，我们将在之后的章节讨论这些。

　　随着经验的增长和职业生涯的发展，咨询师将需要承担起销售的责任，因此我们会关注如何销售咨询项目。

　　最后，咨询必须在商业环境中进行，否则将影响到适用于本书介绍的所有这些技能。对于那些之前在不同环境中工作过的人来说，这种转变可能会很困难。理解商业规则可以阐明该行业的一些特点，比如说，为什么你需要记录时间。

　　因此，本书的末尾会讲到两个相关的章节：一是咨询业务，以及商业成功的必要条件；二是对在企业环境中工作的评价，这非常有特点（任何在咨询行业工作过的人都知道）！

第1章

交付过程概述

他们说这项工作永远做不完，
但我决定去做；
我想解决那件无法完成的工作，
却发现我做不到！

佚名

咨询交付过程是咨询师为客户增加价值的过程。

从基础层面上讲，咨询师只是简单提供一份方案。例如，律师可能会被问到一个关于法律基本观点的问题，并且需要在简短的电话交谈中提供答案。这样的即时反应不适用于解决大多数促使企业聘用咨询师的困境。通常，企业聘用咨询师会涉及一个工作规划，这体现在项目之中。因此，项目是为客户增加价值的载体。

显然，咨询师提供的详细工作方案因项目而异，但根据以往的操作经验或研究，他针对某一方案可能已经发展出了自己的一套方法论。可以分为以下几类。

标准服务：这是一个高度以产品为导向的方法。客户所购买的是一种标准化服务，它在不同项目中的变化极小（或者，它可能会有所变化，但变化幅度可以相互抵消）。例子如下：

· 房产中介转卖房屋。
· 使用心理测量学进行人格剖析。

在每个例子中，相对应的标准服务在任何情况下都大同小异，而且它的设计几乎不需要新的规划。很少有管理咨询公司从事这一类服务。

捷径型服务也是一种标准化服务，但需要根据客户的情况进行调整。例子如下：

· 推行工作评估计划。
· 信息化库存控制系统。

捷径型项目的工作内容也有一定的确定性，不仅因为这种形式相当出名，也因为其基于对先前经验的总结。运用这种方法所需的时间由工作内容的性质决定，不同工作的细节也可能有所不同。

在这两种情况下，咨询师执行的都是一个标准化流程；客户所购买的服务价值大部分在于流程本身，而非单个咨询师的能力。

然而，大多数的管理咨询工作要进行的都是新奇的探索之旅，而不是沿着一条老路走下去。这些项目也必须事先进行规划，这比"标准服务"或者"捷径型服务"更具挑战性，需要列出阶段性的交付成果。

图1-1显示了交付过程，本章是对该过程的概述。该过程的每个阶段都将在下面的章节中进行更详细的描述。

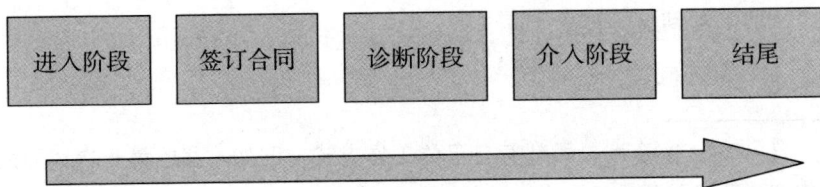

| 进入阶段 | 签订合同 | 诊断阶段 | 介入阶段 | 结尾 |

图1-1　交付过程

在描述这个过程之前，我想给大家一个忠告。这个过程是完全基于经验和观察的，而非绝对唯一的真理！因此它应该被看作一种工具，相当于一个服务者而非主导者。所以，如果你的情况并不适用于这个流程，那就尝试适应它，如果不行，那就放弃使用这个流程。

下面是交付过程的每个步骤。

进入阶段

咨询师与客户的第一次接触可能会在咨询师在执行销售任务[①]或者开展一项已经被销售的项目时。无论哪种情况，都需要精心准备，你的目标应该是产生对自身有利的影响。

准备工作中，你应该确保了解：

· 客户的背景信息——他们的业务性质、关键人物。

· 他们业务的关键方面，例如，他们靠什么赢利、最近的业绩如何、在公共领域面临的问题是什么。

· 你的咨询公司和客户之间以往关系的经营，特别是以前可能与此项目有关的讨论。

· 介绍会的目的是什么。

· 客户对第一次见面的期望是什么（通常你可以通过电子邮件或电话了解到这一信息）。

----

① 每一家咨询公司都有自己的工作方式。例如，我的第一次实习是销售咨询项目而不是开展咨询项目，但正常情况下咨询师会被分配到咨询项目中工作。

客户希望通过与你接触，无论是通过书面还是电话，建立起对你的印象，且第一次会面时，客户就会形成对你的第一印象。第一印象十分重要，再没有第二次机会更改，所以你应该尽可能地给客户留下好印象。

在项目的早期，留出熟悉客户的时间是很重要的，因为不但要熟悉各种实际状况（比如谁是谁、办公室的布局等），还要了解公司内不成文的规定和风气。后者包括以下几点：

- 业务中使用的专业语言。
- 人们一起工作的方式（如你是可以直接走进别人的办公室，还是必须预约）。
- 公司内的时事或热点话题。

签订合同

期望和义务

一旦拟定好了合同，除了委托条款内规定的正式协议外，双方的期望和应履行的义务也确定了下来。

客户不满意的一个主要原因是咨询师不能满足自身的期望。这不仅与咨询师如何履行委托条款内的承诺有关，也与咨询师如何执行项目有关，例如：

- 咨询师的行为举止。
- 咨询师的穿戴。
- 咨询师到达和离开客户办工场所的时间。
- 咨询师为客户完成工作的优先度。

同样，咨询师也会对客户有所期望，这些期望在很大程度上反映在客户对项目的承诺上。

承办人（客户员工中主持项目的成员）将大致对项目负责，但你必须考虑其他人应该承担的义务。咨询项目会要求更多高层领导还是更多基层员工的合作？如果需要，他们是否对该项目负责？小心那些看起来对项目不负责或者把它作为个人项目来执行的承办人。

还要考虑咨询项目对客户工作负载和系统的影响。任何项目都会对客户的时间产生需求，但你还需要考虑的是客户的常规管理系统是否能够充分支持项目进行，即普通的管理系统可以进行普通的业务，而特别的活动可能会需要特别的支持。例如，在变革方案实施期间，你可能需要提高与工作人员通信的频率。

设立委托条款

咨询是一种无形的产品，设立委托条款是表达产品定义的一种方式。委托条款是一个与交付相关的主题，这似乎令人惊讶，但作为销售过程的产物——合同不正是被用来表达这一点的吗？

委托条款与运营咨询师相关的有以下几点：

· 如果运营咨询师要履行合同，他们需要了解委托条款。
· 如果作为销售团队的一员，运营咨询师应参与拟定合同。
· 运营咨询师将比销售团队更了解客户组织，因为他们接触客户组织的时间更长。深入了解后，委托条款就需要进行改变。

委托条款内的关键要素是：

·范围：咨询师需要处理的工作的范围。

·可交付成果：客户将会获得的东西。

较大的项目可以分解为众多工作包，每个工作包本身是一个小项目，具有自己的范围和可交付成果。

工作包管理

对工作包进行管理是取得可交付成果的方法。管理工作包的关键要素是：

·使用的方法论或方法，这通常被描述为一系列的任务。

·计划，即何时执行这些任务。

·该计划将说明所需的资源，其中可能包括客户和咨询师的工作。

·如何管理工作包并将其集成到客户的常规管理流程中。

诊断阶段

解决问题的过程

诊断过程基于一系列解决问题的框架。"解决问题"是问题与解决方案之间的"路线"，过程是为每个阶段需要做什么提供指导。

咨询工作往往是一段从未知到已知（或使隐性知识显性化）的旅程，因此必然涉及数据收集。一个稳健的解决问题的方法有助于确定需要收集哪些数据。

数据收集和分析

矛盾的是，在决定需要收集什么数据之前，你需要考虑分析：你必须知道在获得数据后将如何进行处理，这就是采用一个稳健地解决问题的方法的目的。收集数据是很耗时的，你需要确保你只收集那些对你的目的而言是必要且充分的数据。

简单地说，咨询师将从了解问题的详细情况以及思考如何解决它（可能表示为一系列假设）来开始一个项目。最开始时，咨询师收集数据以验证这些假设，而后，可以通过收集的数据来形成新的假设或者为原来的假设添加更多细节。数据收集会有助于你找到问题的解决方案。

收集数据的方法有很多种。哪种方法更合适取决于要收集的数据的性质。此外，你一定会在收集数据的种类方面做出妥协，因为有些数据可能是无法获取的——可能太过昂贵或太耗时。

得出结论

数据收集和分析应有助于咨询师更好地了解其所关切的领域以及如何处理这些领域中的问题。这通常会体现在一些结论中，这些结论是关于需要做什么的"理想"观点。但在实践中制订计划时，会受到现实的制约——介入阶段应考虑到这一点。

介入阶段

我们所说的"介入"指的是项目中的最关键部分，即咨询师与客户共同解决所确定的问题。在大多数情况下，介入只是提出建议，但有时也包括具体实施。

提出建议

在提出建议时，你的建议不仅要在技术上"正确"，也要被那些负责实施它们的人接受。在项目中，你应该对客户的接受程度有自己的想法，并致力于"预售"你更偏好的解决方案。

你的建议应该是可行的，意思是，客户必须有能力实施。如果你提出了一些技术上十分优秀的建议，客户也十分热情地接受了它们，却发现没有资源或者技能来实施，导致它们无法实现，这是没有意义的。

因此，你的建议中还应该囊括在现实中如何实施它们的方案。

创造变革

在许多情况下，客户不仅需要制定解决方案方面的咨询支持，还需要实施解决方案方面的咨询支持。这或是因为他们的公司并没有这方面的资源（如技能、人力），或是他们想降低风险，或是他们想获得技术，又或是因为其他复杂的原因。

咨询师也被视为变革的推动者，因此，他们可能更适合承担这项工作。

然而，变革带来的挑战不仅仅是任务管理（确保事情完成），还包括人事方面。如果处理不当，则会产生阻力。

结束

咨询师们常常迷恋变革带来的感受，所以一个项目完成时的成就感常常会被下一个项目到来时的兴奋感所取代。因此，结束阶段常常会被忽视。

结束阶段的价值可以从客户和咨询师双方的角度来考虑。

首先，作为一位咨询师，你一定不想这次合作的结束就是你与客户关系的结束。我们注意到，大多数业务都来自先前的客户，所以你会希望项目尽可能结束得完整，以便客户在需要你的服务时回头找你（这是客户经理的工作，而你负责的是更详细的工作）。

　　其次，咨询是一个以知识为基础的行业。咨询师成为项目一部分的原因是从该项目中获得经验并为他人做出贡献。复盘有助于达到这个目的，但大多数人很少进行复盘或者做得不好。咨询师获取知识并将之应用于实际需要付出特别的努力。虽然这是咨询过程中最简单的方面，但它是咨询实践能够为咨询师个体和客户增加价值的真正途径。

第2章

进入阶段

我目不转睛地盯着那个人。

他的头从后面探出来，

眼睛里闪烁着纯粹的智慧。

——《纯净的爱》中吉夫斯眼中的伯蒂·伍斯特

P.G.伍德豪斯

刚入门的咨询师可能会遭遇某种形式的身份危机。面对客户时他们会立即产生以下问题：

· 我能够回答他们提出的任何问题吗？如果我不知道答案怎么办？
· 我配得上3倍于现在的日薪吗？
· 如果他们问我当咨询师多久了怎么办？
· 我如何应对那些不喜欢咨询师的客户？

咨询师的这些焦虑会随着经验和信心的增长而减少。即便如此，所有第一次接触客户的咨询师，都面临着挑战，这就是进入阶段的全部内容。

我是谁呢？

从日常生活的经验中可以了解到，我们倾向于根据人们对自身的价值来决定如何看待他们。在第9章讲到西奥迪尼关于影响力的研究时，我们将会看到，人们不仅受到权威的实质的影响，还会受到权威的外表的影响。

看起来像一位咨询师

穿着得体会增加你的自信——无论你收取多么昂贵的费用，你都要让自己看起来物有所值。你的行为举止也应该像一位咨询师。记住，你永远不会有第二次机会给人留下第一印象，所以良好的第一印象至关重要。研究表明，给人留下什么样的第一印象主要取决于你的长相，其次是你的声音。与这些相比，你所说的内容是次要的。下次当你第一次见到某人时，反思一下，你是如何看待这个人的，是什么证据让你得出这个结论的，它不可避免地会涉及这些外表的问题。随着我们越来越了解这个人，我们可能会改变自己的观点，但显然，咨询师的目标应该是给人留下良好的第一印象。

影响视觉印象的因素有两个：

· 你的穿着打扮。
· 你的身体语言。

一些咨询公司会请形象专家专门培训——穿着得体被认为是非常重要的。虽然不得体的着装并不意味着你一定是个糟糕的咨询师，但为什么要给自己制造麻烦呢？

有一些简单的指导方针可以遵循。穿着的规则一目了然，但还是值得总结一下：

· 头发和指甲要干净整洁，要经常修剪。
· 同样，衣服也要干净。一个经常被忽视的东西是鞋，我曾经听一位客户说过，在销售过程中，脏鞋或磨破的鞋子会对咨询师塑造形象产生不利影响！

· 保持个人卫生；注意身体的气味，在会见客户之前不要喝酒，因为口气中有酒味会给人留下不好的印象。

（这些观点可能看起来很常见、不值得一提，但我遇到的咨询师大都违反了这些规则！）

第一点是着装。着装是一个比较困难的领域，近年来，休闲装成为许多企业的标准着装。这里我要介绍一个简单的原则，就是按照客户对咨询师的要求来着装。这可能与客户自身的着装不同。如果有疑问，宁可拘泥于形式，过分打扮总比衣着不得体好。

第二点是肢体语言。你需要记住，肢体语言早在口语之前就已经习得——这是我们作为婴儿沟通的方式。我们不信任别人，往往是因为他们的肢体语言与他们所说的不一致。

肢体语言是我们感觉的一种表现，同样，我们的感觉也会受到肢体语言的影响。所以如果我们感到自信，我们看起来就很自信；同样，如果我们表现得自信，我们会感到更自信。

所以，要清楚那些你在感到自信时采取的行为，例如：

· 以放松的方式站立或坐着。
· 不紧不慢地移动、说话。
· 使用的手势大方不拘谨。
· 背挺直，不弯着。

这些行为通常会表现出自信的感觉，做出这种行为有助于让你感到更自信。

第三点是声音。在英国，以前人们会通过一个人的口音分辨他所在的层级，但如今，地方口音很少成为障碍。然而，作为一名咨询师，你经常要参与演示和会议，所以你需要确保自己的声音清晰有力（如果不是，你可以做一些声乐练习来帮助自己——可以咨询当地的声乐培训机构）。

形象很重要，但永远不要假扮什么。尝试循序渐进地改变和改进，确保你能适应，例如，选择适合你的和让你觉得舒服的衣服。

职业化的行为

从客户的角度来看，这意味着：

· 你应该为他们的利益着想。

· 在向他们收费的时间段，你应该为他们工作（也就是说，不要总是给你的办公室或其他客户打电话）。

· 应该让人觉得你工作效率高（曾有一家公司建议咨询师在客户的办公场所里要走得很快，而且要随身携带一张纸或一个文件夹，以给人留下勤奋工作的好印象）。

· 如果你在客户的办公室工作，你应该和他们的办公时间保持一致，最好是与客户的高管保持一致，因为他们的办公时间会更长。

· 你应该为你所从事的其他活动树立一个卓越的标准，例如，主持会议或为会议提出建议、在会议上及时回答问题，等等。

记住，如果你在一家咨询公司工作，你在客户眼中就是这家公司的化身。一流的运营记录对咨询师个人来说是极有价值的，对他所处的公司来说也有巨大的销售帮助。

咨询师的角色

看待客户和咨询师之间的关系的一种方式是将其类比成病人和医生之间的关系：病人得了某种病，去让医生诊断并治疗。但是，咨询师还可以通过其他方式提供帮助。

在某些情况下，可以任命一名咨询师暂时担任行政职务——临时经理。例如，一家公司可能会任命一名咨询师作为总经理，以策划公司转型。一旦完成这些工作，咨询师就可以离开，然后任命一个具有不同素养的人来重建公司。

还有一种不那么戏剧化的方式，一家公司可能会需要一个IT经理来弥补一个人的离职直到一个接替者的到来，这时通常会请一位咨询师来帮忙。

临时管理职位是具有高度干预性的角色——在这些职位上，咨询师做出决定时，就好像他们是公司政策的执行者。另一个极端的情况是，咨询师作为引导者的角色，通过协调客户的员工工作以达成工作目标，在这种情况下，咨询师的工作使客户组织能够自己发起和管理变革。例如，一家被美国企业收购的英国公司中的管理团队，不得不重组其结构和体系，以满足新母公司的要求。这是管理团队的一项新任务，需要他们以一种前所未有的方式一起工作。与团队一起工作的咨询师的工作并不是计划怎样重组，而是帮助团队自己完成重组。

执行者和引导者的角色定位大相径庭。施密特和约翰斯顿更详细地分析了咨询师的角色，并提出了一系列连续的行为，如图2-1所示。从以客户为中心到以咨询师为中心是一个连续体。以客户为中心的行为使用客户的经验和知识，咨询师的作用是帮助客户有效地使用这些经验和知识。另一种是以咨询师为中心的行为，更注重咨询师的知识和经验。

施密特和约翰斯顿还考虑了有利于这两种行为的情况，并对它们进

咨询师角色	咨询师行为
引导者	拒绝参与
	倾听
	反映
	分类
	解释
	调查
咨询师	收集数据
	诊断
	添加新数据
	确认选择
	提出标准
	建议
	规定
执行者	实施计划

以客户为中心

使用客户的经验和知识

使用咨询师的专业经验和知识

以咨询师为中心

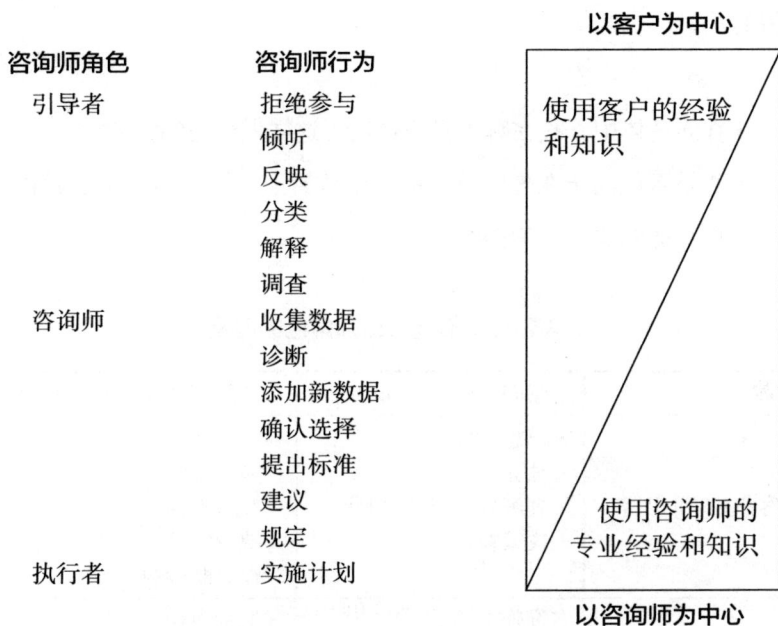

图2-1　咨询行为的连续性

行了分类：

· 客户独有的因素。

· 咨询师独有的因素。

· 客户和咨询师共有的因素。

· 环境的因素。

这些已被简化并在表2-1中列出。

这一分析清楚地表明，咨询项目应由咨询师和委托方共同努力来完成，咨询师应根据具体情况改变自己的角色，以获得最佳效果。因此，无论你是一位经验丰富的咨询师，还是一位新手，对项目进行评估都是值得的。

- 在连续体中，我在哪里发挥作用？这样做合适吗？
- 我是否倾向于在连续体中的一个位置上工作，而不是在其他可能更合适的位置上工作？

表2-1 影响咨询师角色的因素

	倾向于以客户为中心	倾向于以咨询师为中心
客户独有的因素	客户想要： · 独立 · 理解并学习解决难题 · 决策权	客户现状： · 需要帮助 · 经营不善 · 缺少经验 · 没有既得利益
咨询师独有的因素	咨询师想要： · 客户成长并发展 · 防止客户产生依赖性	咨询师现状： · 大量的相关经验和专业知识 · 确定的声誉 · 高度了解客户
客户和咨询师共有的因素	· 彼此缺乏共鸣 · 客户没有完全接受咨询师	· 先前有过在一起工作的经历 · 高度信任 · 一致的目标
环境的因素	· 错误解决方案的代价很高 · 影响复杂的系统 · 问题具有波动性或者需要长远观测	· 问题定义明确 · 问题很紧迫 · 问题并不太复杂 · 问题对公司文化影响不大

身为"局外人"的咨询师

从定义上看，咨询师并不是客户层级结构中的一部分（因此，在理想情况下，内部咨询师应该在一个独立于客户一般部门的管理结构中）。

这提供了一种视角的优势——通过对情形的全新认识，咨询师可以减少遗留思想和决策的负担。

这种全新视角的优势不可避免地会随着时间的推移而减弱，在与客户合作一段时间后，咨询师开始接受客户的假设和思维模式——这一过程被称为"本地化"。同时，咨询师需要采用一种名为"保护色"的措施。公司就像人体，它们可能会对外界的介入产生免疫反应。咨询师必须尽快了解客户，不仅仅是了解公司中的人员，还要了解公司中的术语、风格，以及所有流行的文化。

一位客户对我说："你太了解我们了，我总是忘记你不是我们公司的成员。"

我还是不确定这是赞美还是批评！

理解客户

因为咨询师是局外人，所以需要了解客户的权力架构。这是必不可少的。

利益相关者分析法是评估个人动机的一种很有用的方法，而权力制图法提供了对人际关系的洞察方法。这些主题提供了一种记录信息的方法，可以指出所需信息的知识缺口。需要在进入阶段收集这些信息（不管是否使用所描述的方法收集信息，咨询师都倾向于凭直觉来做）。

然后你需要对客户中拥有权力的人进行评估：谁可能是这个项目的支持者或反对者？谁是这个项目的关键影响者？

在与客户组织内的任何人结盟时，要谨慎一些；在任何项目开始时，把自己定位成每个人的朋友是十分明智的。

第3章

签订合同

口头协议不值得写在纸上。

路易斯·梅耶

咨询服务是最无形的产品之一。如果有人告诉你，明天你将收到一罐烤豆子，你就会对你将得到什么有一个很完整的概念。相比之下，如果有人告诉你，周一你将得到咨询服务，你会期待什么？

我的一位同事说，咨询就是关于承诺的销售和交付。合同是关于这些体现在一个项目中的承诺的协议。

咨询项目的运营只是客户和咨询师之间持续关系的一部分。项目中的双方有着特别紧张的关系，且项目本身可以对双方的关系产生显著影响，无论积极还是消极。在项目完成后，如果咨询师需要获得后续工作或新项目，则需要持续管理这段关系，这是客户管理的一个方面。

拥有良好的客户关系对于维护业务的网络至关重要，而签订合同是关系开始的基础。一旦咨询师和客户开始一起工作，双方都会产生期望和义务。因此，一个成功的咨询项目以及因此而产生的良好的持续关系的基础是咨询师和客户之间对以下方面有清晰的认识：

· 项目的范围——需要解决哪些方面的问题？

· 客户收到的交付物是什么？

· 项目应该如何开展？

·要花多少资金?

这些需要以明确的委托条款来体现,从一开始就设定期望。咨询项目中的许多困难仅仅是由于结果与双方的预期不匹配而产生的,而不是由于过程中的失败。期望通常体现在提案中,提案是在销售阶段结束时存在的合同的基础。

除了实现提案中的承诺外,负责项目运营的咨询师还有其他优先事项要做,尤其是:

·让客户满意(欣喜就更好了),为今后的合作打基础。
·在开始规定的时间和成本内完成项目。

这些目标可以通过仔细规划、根据计划监察进度和适宜地开展项目来实现。

重审委托条款

与销售咨询项目有关的人员将负责起草与客户商定的项目的委托条款。这部分被称为"重审委托条款",因为运营团队需要熟悉他们当前从事的项目的这些委托条款。

与业务咨询有关的委托条款有以下特点。

小心范围的浮动

一个常见的陷阱是承担超出委托条款的工作。实际上,这是免费的咨询服务,咨询师是在接受没有预算的任务(也许是为了讨好客户)。

这样做可能有一个很好的理由，例如，帮助一个暂时面临困难的客户。这里所涉及的原则是，你和客户的关系将因此得到加强，也许还会得到回报。但是承担额外的工作需要仔细考虑，而不是盲目地同意！

检查委托条款是否仍然具有相关性

销售团队将根据手头的信息，对需要做什么以及如何最好地完成工作进行评估。运营团队通常与客户有更广泛的接触，他们遇到的现实可能与销售团队预期的不同。

在这种情况下，委托条款可能需要修订。

建立变更程序

委托条款可能需要更改以适应来自客户的额外要求。因此，需要建立一个程序，通过这个程序可以确定变更并与客户达成协议，并在修订的委托条款和计划内予以适应。

变化是一种常态：公司及其业务环境发生了变化，内部人员的角色也发生了变化。不要期望任何业务在12个月后与现在完全相同，因此任何项目的需求都可能随着时间的推移而改变。

规划咨询项目

并不是所有的专业人士都会规划他们的项目，例如，一名律师在处理某一特定事项时，可能只是对外界的信息做出反应，并对所花费的时间收取费用。对于从事各种不同项目的咨询师来说，这种方法可能有风险，因为这些项目必须在固定费用预算的情况下达到项目目标。因此，在99%的情况下，咨询顾问需要规划他们的项目。

规划内容须显示：

·会发生什么。

·什么时候会发生。

·所需的资源是什么。

规划有这些好处：

·它能使你监控工作进度。

·它有助于提供一个性能标准来调整你的工作进度，否则，你很容
易由于其他承诺的压力而让这个项目落后。

·它使你合理安排资源——你知道自己是否能接受更多的工作。

·它为估算费用提供了基础。

·它可以用来向客户传达你的期望。

良好的规划是必要的，这是一个简单的商业问题，咨询师出售的就
是时间。这是咨询公司的库存控制。

规划对于管理客户的期望是很重要的，因为客户需要在一个更
单调的层次上计划他们的资源，他们需要知道你是一周工作两天还是
几天。

制订项目计划

虽然提案可能已经有大纲计划，但咨询师仍须为除最简单的项目外
的任何项目拟订详细的运作计划。规划咨询项目的原则与规划其他项目

的原则相同，但简要重述一下是值得的。

例如，假设有一家由汤姆、迪克和哈里特经营的咨询公司TDH，这家公司已与ABC有限公司签订了一份合同，由迪克负责建立一个新的库存控制系统。

1. 迪克的第一个任务是把整个工作分解成分散的任务，如果这些任务依然很大，则把它们本身分解成独立的元素。表3-1显示了建立新库存控制系统的项目第一阶段的详细情况。

表3-1　大纲计划

阶段1　新系统的详细说明
1.1　熟悉
1.2　对现有生产和库存控制系统的评估
1.3　成立指导小组
1.4　确认系统的优先工作和需求
1.5　草拟新系统的详细说明以供讨论和批准

同样，这些步骤中的每一个都由更小的步骤组成，如表3-2所示。

表3-2　详细规划

阶段1.3　成立指导小组
1.3.1　决定谁是销售生产方面最有影响力的人
1.3.2　起草可能的指导小组候选名单并考虑征集方法
1.3.3　在进度会议上讨论候选名单和方法，得到批准／进行变更
1.3.4　开展征集活动
1.3.5　召集指导小组第一次会议

如果任务的顺序不同，那么为这些任务制作出一个反映这些关系的逻辑关系图可能会有所帮助。

2. 评估每一步所需的时间，包括咨询师的投入时间和总有效时间。总有效时间通常比投入时间多——它允许客户员工在执行部分项目时出现延迟或者缺席的情况。记住要给自己留出时间来思考这个项目，或者和专业的同事讨论。

3. 对于复杂的项目，更复杂的工具（如网络分析）会有用。然而，对于简单的项目，我发现简单的表格非常适合我的需要，这方面的示例如表3-3所示，这个例子和以往的有些不同。这方面可以做一些实用性测试：是否有这个计划的信息？我是否可以从中推断出我今天在这个项目中要做什么？如果不能，目前的信息可能是不够的。

4. 如果一个项目中有多位咨询师，他们需要分配特定的任务。如果这些任务是工作包中的小项目，那么项目管理的工作就会变得更加简单，咨询师必须在一定的费用预算和总有效时间内实现明确的目标。

在项目开始时，留出一些时间来熟悉新客户。熟悉的过程可以包括：

· 参观工厂和办公室的各个地点。

· 知道"谁"是"谁"。

· 了解公司内部的主要程序（例如，在公司内增加价值的主要方法）。

· 理解业务中使用的术语——每个公司都有自己专门使用的词语。

表3-3 一个新绩效评估系统项目计划的例子

活动	10月				11月				12月		
	9	13	20	27	3	10	17	24	1	8	15
1.完成系统设计											
1.1 准备草案	√										
1.2 审议草案		√									
1.3 确定最终文件和过程			√								
2. 预实验											
2.1 向员工通知预实验				√							
2.2 训练评审员				√							
2.3 准备绩效评估					———	———					
2.4 "临床"绩效评估						√					
2.5 审议绩效评估							√				
2.6 举行评估会议							———	———			
2.7 和评审员一起审议系统									√		
2.8 评估预实验										√	

在初步融入客户文化后,咨询师应该充分了解了客户的"语言"。在进行初步诊断之前,可能无法详细定义项目的后续阶段可能包含哪些内容。在那之后,才能拟订详细的计划。在一开始进行估计时,你所能做的就是大胆进行猜测。

这只需要你明确这些假设。随着时间的推移,可以检查它们是否仍然有效。例如,一个假设可能是"新的市场经理将在9月1日前上任",如果有所改变,这个计划将需要重新进行审查。

质量管理

在这方面,我指的是管理咨询项目的产出质量。

咨询师在管理咨询项目时经常会通过对现有技术的新颖应用而开辟

新的领域，因此咨询师所从事的工作在某些方面是独特的。这造成了控制质量方面的困难，因为没有可以依据的评估标准。相反，如果你正在生产一个标准产品，你可以决定关键的质量特征应该是什么，建立可接受的衡量标准，并检查每个项目是否符合标准。在服务行业做到这一点不那么容易，在咨询项目中尤其困难。然而，定义适当的标准是十分重要的。如果有更多的资源，任何工作都可以得到改善（咨询师天生就是不断改进的人），那么你会在哪里起步呢？一个起点是建立评估一个项目的标准，这些标准应体现在委托条款内（实际上，这是对委托条款的一个很好的检验，看看它们是否确实为这种评估提供了基础）。

还需要满足其他一些相当明确的标准，比如拥有一个满意的客户，并以适当的方式开展工作。然而，还有一样更需要拥有的，那就是职业操守。新手咨询师的一个主要错误认知是认为客户满意便意味着他们做得很好，然而情况未必如此。

例如，在可供选择的行动方案中，客户可能会依赖咨询师推荐的方案。最初，客户不能判断优劣，但会很满意，因为你有方案可推荐。

同样，客户可能不想听到做什么是最好的，但把这些事情说出来可能是最有帮助的事情，咨询师来做这件事有着作为一个局外人的优势。

大多数项目都应该让客户满意，但给出专业判断是咨询师的责任。

三个臭皮匠，抵一个诸葛亮。

有关咨询公司的质量控制，出于其他原因，让同事参与一个项目也是很值得的：

· 通常，对项目进行讨论是确定关键问题、解决问题和产生新想法的有效方法。

· 你可能对自己思维上的缺陷视而不见，这些缺陷对其他人来说很明显——最好"其他人"不是你的客户。

· 你可能把处理某些重要问题的优先级降低了，和同事一起工作应该会激励你去面对这些问题。

· 最好与同事一起检查报告的关键部分，他们可以检查报告的内容，并对报告进行校对。

· 参考同事的专业知识可能也很有用，不仅是在技术问题上，还可以利用他们在咨询行业的专业知识。

大公司的这一角色通常体现为一个监督系统。任命一名更有经验的咨询师来监督项目负责人缺乏经验的项目。这名咨询师可能还有其他职责，例如培训其他经验不足的咨询师。但是，如果你是一位个体从业者，那么这种方法就会变得更加困难。尽管如此，个体从业人员也可以寻求其他专业人员的帮助来确保高质量地完成工作。

刚进入咨询公司的个人可能会被公司的质量控制程序吓倒。在以前的工作中，他们可能没有接受过如此高标准的要求，有些人发现自己很难接受自己的职业判断被质疑。

控制资源

质量控制是指控制项目的产出，而控制项目也包括控制咨询师的投入——时间。

一旦制订了计划，就有必要监控进度。由于已有大量关于项目管理的优秀文章，这里我们将只考虑如何在咨询项目中控制资源。

花在咨询项目上的时间必须谨慎控制。等到项目结束时才知道花了多少时间是没有用的。

需要在适当的时间节点对所费时间进行监测，并在每次进展审查时将其列入议程。

客户的员工也必须对项目做出贡献，这意味着他们可以参加会议，并开展该项目所需的其他工作（一个咨询项目通常会增加客户的工作量）。不仅客户资源的可用性限制了项目的进度，还有其他的相关方面，例如：

- 如果一个项目需要新设备，可能会有一个与获得新设备相关的前置时间。
- 客户公司内部吸收变化的速度。

管理时间

咨询师应在客户同意开展项目时就应该考虑到以下因素，协议应涉及：

- 所需咨询师的时间。
- 完成全部工作的总有效时间。

对项目时间的控制与咨询公司的内部会计系统相衔接（见图3-1）。

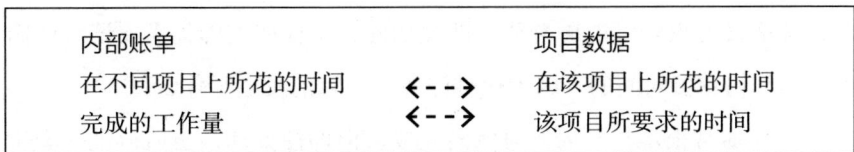

内部账单		项目数据
在不同项目上所花的时间	<-->	在该项目上所花的时间
完成的工作量	<-->	该项目所要求的时间

图3-1 控制时间

重要的是，咨询师要确保他们把时间花在有报酬的工作上。这意味着他们要仔细控制日常工作的范围。因此，对所花费的时间进行内部核算需要思考以下两点，即：

· 上一阶段的时间是怎么花掉的。
· 接下来的时间要做些什么。

两者可以使用相同的分类，表3-4显示了可能使用的表单类型。

一方面，专业人士通常按小时收费。如果他们的工作通常不是以足够长的时间进行，如不满一整个小时，那么他们的收费只是其中的一部分。

另一方面，咨询公司的审计人员可能会被分配给客户几天或几周的时间。他们给出的反馈有助于咨询师确定要使用多长时间。我认为按日计算咨询师的工作时间最适合收费工作。然而，其他方面，如销售、市场管理，不一定是以这么方便的时间进行，所以你可能会在较小的时间单位中考虑这些。

根据项目的性质和发票周期，可以依据每周或其他时间段收集所花费时间的数据。例如，如果每周开具发票（将应收账款控制在最低限度内），则需要每周预定时间。

如果项目是长期的，比如一个全职的项目，通常一个月开一次发票，那么月度报告可能更合适。即便如此，个体咨询师仍需要记录他们每周是如何花费时间的，因为很难记住一个月前发生了什么。

工作通常很难在几周的时间内完成，但即使如此，也值得进一步研究。在该计划中，对收费工作的最终承诺和那些仅仅是暂时的承诺之间需要有一些区别。

表3-4 时间表

名目 \ 时间（天） 本周起始时期	4月				5月					6月		
	3	10	17	24	1	8	15	22	29	5	12	19
阿尔法公司	2	1	1		1/2		1	3				
德尔塔有限公司		2		2								
伽马兄弟公司	1/2	1	2	1								
已分配												
泽塔公司					1	1	1	1	2	2		
总收费时间	21/2	4	3	3	11/2	1	2	4	2	2		
销售												
布罗格斯	1/4	1	1/4									
克罗格斯				1/4	1/4							
弗罗格斯				1		1/4	1/4					
总销售	1/4	1	1/4	11/4	1/4	1/4	1/4					
其他												
项目	1											
学习						1						
值班												
假期	1					1			1		4	
其他合计	2					2			1		4	
总分配量	43/4	5	31/4	41/4	13/4	31/4	21/4	4	2	4	-	
空闲日	1/4	-	13/4	3/4	31/4	13/4	23/4	1	2	3	1	5

可以使用来自内部系统的数据来监控咨询师在项目上花费了多少时间。表3-5显示了一个简单的控制表，如果汤姆和哈里特也输入时间的话，迪克可以在ABC项目中使用它。

表3-5　项目控制表

ABC有限公司项目										
本周结束日期	汤姆		迪克		哈里特		总计			
							一周		累计	
	预算	实际	预算	实际	预算	实际	预算	实际	预算	实际

对咨询师来说，最大的危险之一是过度承诺。他们需要控制未来的承诺，以便有足够的灵活性来应对现有工作的额外操作需求。

实际操作

规划良好的客户关系

除了完成提案中的承诺外，迪克的目标是让客户在整个工作过程中保持愉快的心情，并与他们建立良好的关系，以便在他们下一次需要外部帮助时考虑TDH公司。

为此，你的计划应能使你做到以下几点：

1. 让客户了解项目进展情况：咨询师在计划中应该与客户进行定期的进展会议，向其汇报问题和成就，以及未来的计划。确保会议之间不要有太长的时间间隔，特别是在项目起步时，最重要的是要避免给客户带来不愉快的意外。

2. 无论客户的级别如何，你不仅要让他们确信你的项目会持续成功，还要让他们的老板、同事和下属（即使其中一些人可能不会那么热情）相信这件事。一个消息灵通的客户能够反驳谣言，当然，也会更加确信这个项目运作得很专业。

3. 在项目的预算金额和总有效时间上都给自己留一个安全空间，如果你不得不提高费用，或者不能在最后期限前完成，这会很尴尬，也会导致与客户的关系不佳。

4. 同时也要记住，做几份兼职的工作比做一份全职的工作效率要低。

5. 兼职经营必须比全职经营更仔细地规划和组织，这很浪费时间，而且如果在拜访客户时你发现需要见的人都不在，你可能会非常沮丧。

6. 在项目开始后不久，你应该展示出一些"快速成功"的法门。这包括比预期更早给客户带来收益。在迪克的那个例子里，他可能会在某些方面找到减少产品库存的方法。如果在项目开始后不久就能做到这一点，他就会显示出自己的价值。

7. 比承诺的多做一点儿。可以在项目上做更多工作，也可以在业务的其他领域提供帮助。然而，这一点必须加以控制，因为在其他领域提供很多额外资源导致最初项目落后是没有意义的。

8. 安排开发票的时间，让客户在感觉到从你那里获得了价值时（如在收到报告后而不是之前）付账单。

项目期间

以下是一些关于运营咨询项目的实用技巧。

保持主动

咨询师应该提供方向，并掌控项目的步伐节奏——客户应该努力跟上你，而不是反过来。然而，主动性不仅适用于项目管理，也适用于思考。应该为项目提出想法和建议的人是咨询师而不是客户。

让客户员工知晓

这不仅仅涉及那些和项目有接触的员工，还涉及其他资深员工，他们对这个项目的印象可能仅仅来自与你的聊天。在这种场合，你说话要小心，因为不小心说出的话会产生不好的后果。几年前，一位同事对我应该如何应对这种情况提出了建议。"永远要有条'新闻'。"他说，"这里的'新闻'就是一些关于你项目的有价值的最新信息，还要让项目听起来状态不错。它会在公司里口口相传，给这个项目博一个好名声。"以下是例子：

·节省的东西应该比我们最初预期的多。

·这一阶段的工作我们完成得比预期快多了。

·老哈利（从前曾反对过这个项目的人）如今可给项目帮了大忙。

如果你是一名在大的咨询公司工作的新手咨询师，这一技巧也能用来给公司里的资深同事加深印象！

记录项目日志

有些咨询师在接手任何项目时都有记日志的习惯，记录大量事件、会议、协议和其他重要项目，而有些咨询师则依赖项目报告。然而，如果项目时间很长或者很复杂，又或者说争论颇多——如员工关系不佳或有人强烈反对该项目的话，一份项目日志会更加合适。

保证信息安全

许多项目涉及不应该开放权限给客户工作人员的敏感信息，因此当提交书面材料时，需要保证信息的安全。这意味着，如果你将这些资料留在客户的办公地点，要把它锁起来保管，所以最好还是不要把重要文件留在那里。

当然，资料通常由电脑保存，所以你应该确保电脑信息的安全。如今，一台笔记本电脑算是咨询师的标配，毫无疑问，在客户那里使用它时也应保证信息安全，其他包含机密信息的存储介质也应如此。因此，如果你的电脑无人看管，最好还是注销登录。

直呼其名

默认可以直呼名字在英国的大部分商业领域都很常见，在美国就更广泛了，但这并非通用习惯。当然肯定还有其他国家的客户，在第一次见面时就直呼其名会被看作过分熟稔，对双方关系有所损害。

如果你有疑问，可以看客户是否直呼你的名字，然后跟着他来。

不要低估项目的价值

你或者客户都可能会低估一个项目的价值。事实上，该项目是在与其他压力源竞争你的时间，你应该对其倾注必要的注意力。如果客户觉得你对项目没有给予足够的重视，他们很快就会感到不满。

同样，一些客户的员工最乐于看到的结果可能是项目停止，你离开公司。因此，他们可能会轻视这个项目，并且希望你也如此。你一定不要这样做。

关于被辞退

咨询师丢掉工作的事时有发生，不管你是否有经验，这都避免不了。这件事或许平淡无奇，抑或是引人注目，又或者只有在你回想时才能想明白其中的因果，但这也许并不是咨询师的过错。我见过最快丢掉工作的例子是在几年前，一名咨询师早上刚开始一个项目，午餐后就回来了，原因是"他的脸不合适"。另一个例子是，一位咨询师与客户在一个项目上合作了18个月，后来由于公司高层的变化，这位咨询师被要求退出，因为他被视为旧高层的一员。

令人高兴的是，这种情况并不经常发生，但一旦出现，就会摧毁咨询师的自信。唯一让人感到安慰的是，很多优秀的咨询师都遇到了这种情况，但他们仍然得到了其他客户的高度评价。

当事情出错时，作为咨询师，你应该考虑一下你能做些什么来重建你们之间的关系。处理服务中的故障是对服务公司的考验。记住，这不仅是你的问题，也是客户的问题。联合解决问题可能是重建关系的一种强有力的方式，而迅速处理这种问题则是帮助你成功的方法。

准则和道德问题

对咨询师来说，准则和道德的问题出现在两个方面：

1. 我在工作中应该采用什么专业行为和个人行为准则？
2. 我应如何解决因应用这些准则而遇到的困境？

大多数职业都有行为准则，世界各地的管理咨询机构也不例外。举例来说，一份来自咨询协会的行为准则包含下列原则：

· 满足客户的要求：协会成员应始终把客户的要求和利益放在首位。
· 诚实、独立、客观：成员应避免任何与自身应尽的专业义务不一致的行为、情况，或者不诚实的行为。在提出意见和建议时，应完全以符合客户最佳利益的客观看法为指导。

· 对专业和协会的责任：成员的行为应始终致力于提高自身专业能力，以及协会的地位和公众认可度。

这些都是合理的原则，我有一个简单的、适用于任何标准的测试：

如果媒体或我的客户全面而公正地报道了这件事，这是否会提高或降低我的职业声誉？

这体现了两个标准：

1. 透明度：如果被公之于众，这一行为是否可以站得住脚？
2. 脆弱性：如果这件事广为人知，那是否会对我和我的事业产生影响？

然而，这并不是专业标准本身的问题，它们在不同情况下的解释可能会不同，因为在做对不止一方有利的事情时可能会出现冲突。可能出现两难困境的例子如下：

1. 为一个文化氛围和道德标准与我们不同的客户工作。例如，在不同的国家，人们对待贿赂或对待妇女的态度就大不相同。咨询师应该如何回应这些？他们应该坚持在自己国家使用的标准，还是应该适应当地的做法？
2. 服务客户的愿望和利益可能与我们的标准相冲突。例如，客户的营销总监向你透露，他打算换工作，但在拿到年度奖金（对他来说是相当可观的）之前，他不打算宣布这一消息。首席执行官（你的客户）在随后的会议上问你是否有任何可以预见的不足，你是否要告诉他营销总监的事呢？

3. 我们的业务需求与客户的业务需求之间存在冲突。

例如，一名咨询师被分配到一个项目中，但他并不知道他的资历被销售部的同事夸大了。此时退出项目会很尴尬（在商业层面上也很困难），除此之外，同事还说："这份工作内容的90%都是常识。如果你需要专业知识以外的专家帮助，尽管开口。"咨询师该怎么办？

如你所见，每个难题都以一个问题结束。在很多情况下，对这个问题给出的任何答案都会让人心烦意乱。没有一个完美的答案能让所有人都满意。

客观看待涉及自身的道德困境通常是困难的。出于这个原因，道德指导不包括为一系列的困境给出解决方案，但可以依照一定的原则，如交流原则，如上面提到的关于透明度和脆弱性的原则，并在组织内按照这些原则行事，以鼓励良好的实践。

因此，如果你在一家大型咨询公司工作，就应该这么做。较小的公司和个人从业者可能没有建立内部制度的资源，在这些情况下，一个合格的局外人可能有助于你解决道德困境。

第4章

诊断阶段

事情应该力求简单，
不过不能过于简单。

阿尔伯特·爱因斯坦

一个热气球驾驶员在着陆的时候迷失了方向，他看见一个人正步行过来。热气球驾驶员问那个人："我这是在哪儿？"那人回答道："你在一个热气球的篮子里，在一片田野的中央。"这个回答事实上是正确的，但完全没有帮助。

诊断是一个过程，其结果是帮助咨询师在客户关注的领域能够形成有效的结论。在某些简单情况下，诊断可能只是为一些问题提供建议，如税务咨询师可能会被问："今年我应该在什么时候完成我的个人所得税纳税申报表？"但在大多数情况下，咨询师需要额外的信息，因此诊断需要收集一些数据。接下来的问题是：我需要什么数据？我如何获得这些数据？这些取决于你使用的解决问题的方法。

解决问题

形容解决问题的一个简单例子就是医生治疗你的疾病。

医生根据你所说的、直接观察到的或者你的医疗记录，对你的情况形成一些假设，得出初步的结论。接下来，医生可能会提出问题或进行检查来验证这些假设。这些假设可能被证实或促进进一步假设的形成。在会诊结束时，医生可开出治疗计划或决定如何进行诊断程序，例如转介给相关的专科医生。

这个例子说明了诊断问题的关键要素，这可以解释为表4-1所示的内容。

这是一个互动的过程，可以用来回答一系列的问题。再次用医学来举例，可能是：

1. 这名患者出现了什么问题?

2. 我们应该怎样进行最佳诊疗?

表4-1　诊断问题

医生	咨询师
听患者的描述	和客户商讨委托条款
形成问题的初步假设	对如何解决客户关注的问题形成初步假设
参考以往的医疗记录，进行检查	确定需要的数据并收集数据
决定诊疗方案	得出结论

我们可以再次提及TDH有限公司的迪克与ABC有限公司合作项目的例子。在这个例子中，客户出现的"症状"是缺乏一个新的库存控制系统。迪克的问题可能是：

1. 现在的系统有什么缺陷?

2. 应该如何提升它?

所以他的咨询项目的第一阶段应该是确定重点问题，第二阶段可以是为如何处理这些问题提出建议。这种方法被称为"探索性问题解决策略"，这在你接触一个新环境时特别有用。另一个方法是标准方法或方法论，这固化了咨询师在解决客户问题时要做的工作。这两者之间的折中方法是使用性能模型来提供帮助。

选择性能模型

需要的数据有：

· 确定问题的性质和用来理解它的模型。
· 根据所选择的模型制订更详细的计划。

将这两点应用到本章开头的热气球驾驶员的故事中，前者是关于在许多地图中选择哪一幅地图，而后者是关于选择了地图后，找出你在地图上的位置。

熟悉客户公司的运营流程有助于咨询师选择和建立问题的模型并对其进行分类。这种模型通常难以说清楚，它可能是直觉上的，但确实存在。针对不同方向，咨询师会从自己的专业角度来看待问题，营销专家会从营销的角度来看待问题，信息系统专家将负责处理数据。由于咨询师会将自己的专业眼光带进项目中，所以他们必须明确自己的假设。质疑客户的假设是咨询师介入的主要价值；同样，咨询师也需要清楚地表达并质疑自己的假设！

回到ABC有限公司的库存控制问题，客户最初提到的问题可能是希望引入一种新的信息化库存控制系统。虽然认识到问题不一定与物流有关，但迪克的经验告诉他，最好通过绘制物料流程图来熟悉这个系统。他做的第一步是收集入仓的数据，以了解物料流程是什么，结果如图

4-1所示。

迪克需要通过与公司的几位关键人物讨论来构建脑中的蓝图，同时说明他必须解决的问题。因此，他可能会调查以下情况。

1. 采取什么措施来全面或部分地提高库存控制系统的性能？可能是：

·在收到订单后的指定时间内发货。

·保持低库存。

·将不合格率控制在给定的百分比以下。

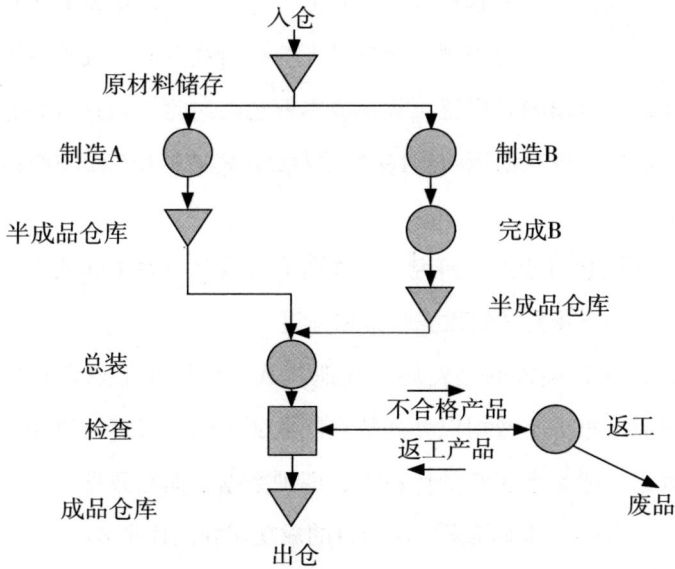

图4-1　ABC有限公司物料流程

这些目标可能会产生冲突，迪克将不得不做出权衡。

2. 谁做的决定会影响系统的哪个部分的性能？如果不同的管理者负责追求上述的不同目标，那么系统本身就会导致管理者之间发生冲突。

数据收集

在上述例子中你会发现，迪克已经在进行数据的收集工作。

在管理咨询项目中，与解决其他项目中的问题一样，你需要非常仔细地识别所需的数据。从童年开始，我们的生活就被收集、整理数据和试图理解这些数据所占据。类似地，管理咨询师也是在收集和整理数据，以理解客户的公司业务和面对的问题。

然而，咨询师面临的困难不是信息的不足，而是信息过于丰富，以致很难选择相关的信息。

事与愿违的是，尽管有可用的数据，但很少有你想要的所有信息。这尤其适用于对未来的预测，尤其是人的行为这方面。成本也是一个因素：所需数据越精确或广泛，收集成本就越高。此外，我认为它遵循了回报递减定律：将数据精确到1%的努力要比将数据精确到10%的努力大一个数量级。

管理咨询起源于工作研究，工作研究本身基于对工作的仔细观察、测量和分析，涉及大量的数据收集和分析。

同样，在管理咨询已发展的其他领域，项目几乎总是只进行了一些初步研究，很少有数据以处理特定问题所需的形式随时可用。咨询师收集的数据一般是事实和统计数据，即硬数据，而软数据，如意见、信号、假设、推测和其他线索，对项目的成功实施同样重要。

很难区分数据分析和数据收集，因为如果你不知道用途是什么，那么收集数据毫无意义。数据收集可能非常耗时（事实上，这可能是咨询项目中最耗时的一个环节），如果做得不好，大把时间（也包括金钱）都可能被浪费掉。与项目任何一步流程相关联的具体、详细的技术都可能是诱人的：在不反映数据将用于什么目的的情况下，运行高度结构化的数据收集程序是很容易的。危险的是，一旦工作开始，收集、分析和呈现数据的过程可能会掩盖项目最初的目的。世界各地咨询师的书架上都有大量的咨询报告，尽管它们都是数据收集方面的杰作，但却未能解决重要问题。或者，重要的问题已经被发现，但为时已晚，所收集的数据与解决问题所需的数据不相符，结论也没有得到充分的支持。

开展新的咨询项目时的咨询师有点儿像本章开头提到的热气球驾驶员：你被放在田野中间，必须找到自己的路。

采取措施——任何措施——都会给人些许心理安慰，匆忙地收集数据也会给你和客户带来有所进展的感觉。本章的目的是劝诫读者避免做一些无聊的工作。因此，在项目开始时，不要一上手就开干，磨刀不误砍柴工！

决定收集什么数据

在商业分析中有一种流行的方法是案例分析。给你一份案例报告，厚度从2页到20多页不等。但是，现实生活要复杂得多，一份案例报告，无论有多么长，与现实世界相比其所含的数据量都很小。在现实世界中，数据的重要性可能得不到重视，或者数据是不可用的，又或者有其他优先事项需要关注。决定收集什么数据就好像试图从噪声中对信号进行分类。这是一项重要的任务，也可能是一项艰巨的任务。

如上文"解决问题"部分所述，咨询师能够在项目的早期对可能的结论做出很好的假设，从而收集数据来测试这些结论是否正确。

例如，在熟悉阶段之后，迪克关于ABC有限公司库存控制问题的最初假设，可能是经理们正在朝着相互冲突的业绩目标努力。因此，他最初选择收集的数据将与业绩衡量、职责管理有关。

咨询师是事后归因的理性者（他们不是唯一这样做的人），当对一个项目进行回顾性报告时，数据收集的过程是按照以下顺序进行的：

1. 确定项目目标。

2. 确定需要的数据。

3. 开发并实施收集数据的计划。

4. 分析数据。

5. 得出结论，给出建议。

在实践中，如果项目不遵循标准的方法论，过程就会更混乱，例如，迪克的项目可能会有一系列反复：

1. 事先确定项目目标。

2. 熟悉客户。

3. 对已确定的问题有新的倾向。可能项目目标略有改变，并形成了不同的假设。

4. 进行粗糙的数据收集。

5. 对值得探索的项目进行更详细的说明。

6. 修改／证实假说。

……………

咨询师尽管在项目的早期就有了一个假设，但在之后也必须保持开放的心态。

在一个项目中，咨询师很快确定了他认为应该是调查结果的内容，已经安排了一些与公司高级管理人员有关的数据收集会议，但他犯了一个错误，在会议上预售了解决方案。结果，在公司的董事长最后一个露面前，大多数高管都同意他的结论。可董事长到来后完全不同意咨询师的解决办法。这位咨询师因为没有向董事长请示就得出了似乎是肯定的结论而在董事长面前丢了脸，还因为他无法提交得到高管同意的提案而在高管面前丢了脸。

这种选择收集什么数据的方法来自咨询师在项目早期对最终报告的内容和结构的一些思考。例如，如果迪克认为ABC有限公司应该建立一个新的库存控制系统，他可能会决定收集以下数据：

· ABC有限公司的库存水平与其他高效能公司的库存水平的对比。
· 交付质量。
· 系统产生信息的及时性和准确性。

决定好想要在最终报告中呈现的证据之后，迪克可以进一步列出可能呈现的方式，包括表格、图形等，以评估完成这些工作所需的数据。

进一步的改进方式是在图形和表格中填充虚拟数据（在开始数据收集之前），以确保不会收集到没有太大用处的数据。

要有效做到这些需要活跃的想象力，且定性数据比定量数据更难收集。

数据收集的限制

迪克必须确保在分配给咨询师的时间内完成项目，这可能会限制他收集信息。例如，了解ABC有限公司的客户对交付时间的满意程度是非常有用的，但是拜访客户可能有些难度，而且很费时间。此外，提出有关交付日期能否延期的问题可能会在客户心中产生以前没有的问题，这是很危险的。

数据收集受限的方面包括数据收集的范围及方法。

工期

第一个限制就是项目的总有效时间。

一方面，有限的工期可能会限制项目团队所能投入的工作量。例如，一个新产品要在圣诞节市场推出，如果开始得太晚，那么试销的时间可能会非常有限。

另一方面，不要让有限的时间阻止你收集重要信息。这种情况曾发生在一名咨询师身上，他在很多项目上时间都很紧迫，必须在很短的工期内完成一个又一个项目。他收集了所需的大部分信息，但由于时间有限，他未能认识到要求咨询师提供建议的公司的内部权力架构。这导致的结果是其在向董事会进行汇报时表现得非常糟糕，危及了这位咨询师参与的项目。

这个教训是，如果没有足够的时间来收集重要的数据，那么要么延长工期，要么对项目的委托条款有所限制（至少在最初阶段），使其能在可用的工期内完成。

如果客户希望在不合理的短时间内完成工作，咨询师必须坚定立场，以说服他们不这么做。如果你说服不了客户，那么就问问自己是否还应该参与这个项目。

成本

数据收集的成本主要来自：

·咨询师的时间和费用。

·数据收集和分析。

·客户员工的时间和精力。

如果要使用问卷对整个组织的态度进行评估，那么成本将来自设计、打印问卷或创建用于在线完成问卷的网站页面，以及用于完成此工作的时间以及完成的问卷的整理和分析。

设计专有问卷的专家和分析问卷所需的计算机软件也会产生费用。

差旅费用也会大大增加项目的成本。有个项目在非洲一个国家进行，其中一部分工作是就特定计算机软件的适用性提出建议。该软件只能在美国使用，因此咨询师们不得不进行几次洲际出差，这大大增加了项目成本。

有时，咨询公司可能会将研究工作外包出去，这可能会产生另一种形式的费用。即便是撰写高度专业化的市场或经济研究报告，也要花费数千英镑。

如果收集数据的相关费用很高，则应将其列入初步费用概算。

最后，请记住，数据收集通常涉及客户员工的时间承诺。客户可能会关心他们的人参与会议的时间成本。咨询师需要对这一点有所准备，并且要敏感一些。

谁应该包含在项目里？

如果你在进行一项调查，很重要的一点是，你不仅要将那些涉及数据的人纳入项目，也要加入那些认为自己应该被咨询的有权势的人。让许多人加入进来总比冒着在不必要的情况下制造一个强大对手的风险要好。

数据收集还提供了一个机会，咨询师可以接触到公司里更广泛的高层人士。这给了你一个机会来评估他们是什么样的人，同时能够与他们建立良好的关系。有一句军事格言："花在侦察上的时间很少被浪费。"数据收集也是如此，你很可能整理好了一个完整的硬数据纲要，但你同样需要了解公司的关键人物，以及他们对你的项目的看法，而且，很明显，你可以从他们身上学到很多东西。

例如，有时咨询师会收到一定数量的虚假信息，这些信息据别人声称是准确的，但实际上最多也只是部分准确。这往往是那些希望在公司权力上得分或让项目遵循自己日程的人提供的，他们大部分是公司高层。

令人高兴的是，咨询师经常可以发现这种情况，且可以从中获得有用的数据——即虚假信息提供者所遵循的特殊目标。

保密和安全原则

当客户希望对他们的身份或他们从事某个特定项目的事实保密时，咨询师有时会被雇用进行外部研究。猎头就是这样一个例子：客户可能不希望别人知道他们正在寻找一个特定的职位（可能是因为人事或商业影响），或者可能希望通过中介来探听潜在候选人对该职位的兴趣。

但是，如果要对提供数据的人保持客户身份的隐秘性，例如需要竞争对手共享数据，那么收集数据就比较困难。解决这一问题的方法是向受访者提供经过适当编辑后的研究报告，以换取他们的参与。如果产品经理知道他们能从竞争对手那里得到同等职位的经理的观点，那么他们会更愿意就不断变化的产品市场发表自己的观点，而不是什么回报也得不到地发表观点。

有时，信息来源必须对你的客户保密。

如此一来，一名受委托进行薪酬调查的咨询师可能会收集一些数据，但并不指明具体的提供者，否则就违反了保密性。

也许保密最困难的问题是如何保证工作人员不会泄密。例如，就一家公司将其总部从一个地方搬到另一个地方的可行性提供咨询的顾问可能需要知道有多少员工宁愿辞职也不搬迁。找到答案的一个方法是询问他们，实际上，这很可能在项目后期进行，但在可行性研究阶段，由此产生的猜测将不符合客户的最佳利益。因此，需要使用另一种收集数据的方法，以便对真正的原因保密。

一位咨询师面临的正是这个问题，他让了解未来动向的部门主管猜测每个员工是否会辞职。一种选择可能是在一项针对不同目的的调查的伪装下收集数据，例如关于工作满意度的调查，不过，这也需要小心，要确保你不会跳出油锅而落入火坑。

无论如何，咨询师是组织中的新面孔，人们会不可避免地问他们是谁、他们在这里做什么。如果你不打算说出全部真相，你必须事先确保自己有一个好的故事来打掩护。

收集数据的方式

基本上只有三种收集数据的方法：

· 观察。
· 与人交谈。
· 查看文件或其他材料。

在咨询行业，数据是调查后得出的，其中最常见的调查方式是：

· 面试——与单一面试者的会谈。

· 小组讨论——与多人进行的会议。

· 问卷调查———一种获取信息的方式。

关于每一种方法的信息以及优缺点，将在第7章中给出。

结构化数据收集工具也是可行的。第7章概述了以下分析方法，包括它们的优缺点以及使用它们的一些提示。

· 关键事件法。

· 德尔菲法。

· 利益相关者分析法。

· 权力制图法。

· 汇编栅格法。

选择数据收集的方法

你对金钱、时间等方面的考虑将影响数据收集方法的选择，对所寻找的数据的性质也会有所影响。

数据可能已经以你可以使用的形式存在。在一个公司里，与业务有关的事情有大量的硬数据，因此，通过审查诸如此类的文件，可以收集到大量信息，相关文件有：

· 管理报告。

· 业务总结和预测。

· 商业计划。

· 组织图表。

· 人事统计。

·广告材料。

公司外也有消息来源，例如：

·已发表的市场研究报告。

·投资报告（针对大公司或行业）。

·报纸和期刊。

·网络上大量的相关信息。

然而，大多数项目都需要咨询师研究数据。在选择方法时，必须考虑所需数据的结构、性质和细节。

结构

结构是指所问问题的答案的多样性程度。一个高度结构化的问题是："有多少人在这家工厂工作？"答案是一个数字。非结构化的问题是："这家公司的库存控制系统有多有效？"答案则比较多样化。

非结构化问题会导致进一步的调查与分析。在上面的例子中，它可能是："在什么条件下有效？"它引发了自身与许多情况的比较，该库存控制系统在有效的情况下是否能够：

·保持低营运资本要求？

·减少关键生产设备的等待时间？

·使客户的订单在规定的时间内交付？

·协助生产运作的有效计划？

你需要对这些标准或任何其他标准中的一个进行一些研究，以评估库存控制系统。

咨询项目的本质是从相对非结构化的数据收集转向更结构化的数据收集。一开始，咨询师会尝试以开放的心态处理问题，这个阶段主要是探索阶段。最初收集的数据有助于以后的查询。一开始就有太多条条框框的危险是你可能会问出这样的问题："你什么时候能不再迟到了？"其中至少包含3个可能是错误的假设！之后，你可以收集结构化数据，它可以用来验证已得出的结论。

分析结构化数据要比分析非结构化数据容易得多。结构化和非结构化问题的示例如图4-2所示。

非结构化　你认为公司的雇佣政策怎么样？

结构化　用下列方框显示你对下列陈述的同意程度。

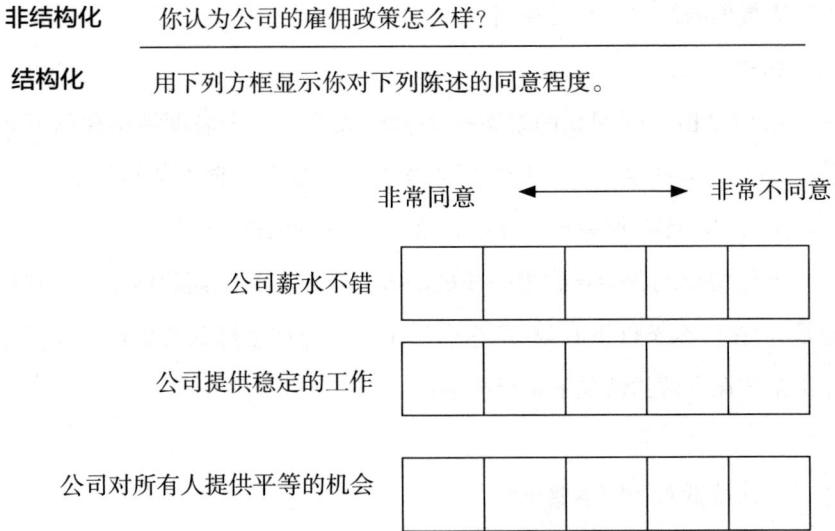

非常同意　◀────────▶　非常不同意

公司薪水不错

公司提供稳定的工作

公司对所有人提供平等的机会

图4-2　结构化和非结构化问题

对于非结构化的问题，会有各种各样的回答，你必须对这些回答进行分类。

对于结构化的问题来说，分类已经完成。例如，它假定的是工资水平、工作稳定和平等机会是衡量公司就业政策吸引力的评判依据。但是如果被调查者主要担心他们在不愉快的环境中工作，或者他们不喜欢过长的工作时间，那么这些问题就不会出现在结构化问卷中。

综上所述，结构化数据在收集之前需要做大量的准备工作，以确保其定义正确，但在收集之后可以相对容易地对其进行分析。非结构化数据的收集不需要太多的前期工作，但在此之后需要做大量的分析工作。

事实还是观点

事实应该是可以被证实的，但观点也可以提供有效的数据，下列问题的答案就是观点：

· 你认为公司的雇佣政策怎么样？

· 公司的宣传是否得到充分落实？

· 我们能把培训做得更好吗？

观点是主观的，所有的主观数据都有失真的危险，因为受访者会倾向于某个特定的目的，也许是为了取悦提问者。比如，"你认为公司的雇佣政策怎么样？"这样的问题可能会被扭曲，因为如果说真话的话，受访者认为会有人对他们提出批评。

因为数据可能失真，所以面对面的数据收集比问卷调查更能获得高质量的数据，并尽可能消除失真的语言。

面对面收集的好处有两方面：首先，大多数人不会在面对面时撒谎。其次，可能更重要的是，人们希望面对面地与咨询师交流他们的想法（希望咨询师能与他们建立某种融洽的关系），而不是要求他们以书面形式将自己的意见记录下来，让任何人都可以看到。

在所有的数据收集中避免使用带有倾向性的语言是明智的。"价值承载"意味着某些答案会比其他答案更受欢迎。因此，"你的公司是一个好的公司吗？"是一个有倾向性的问题，因为使用了"好"这个词。在这种情况下，最好问："你认为本公司的哪些雇佣政策令人满意？你希望看到哪些方面发生变化？"

有时候，人们不喜欢批评别人，所以如果你在寻找需要他们坦诚批评的数据，你还可以做两件事：

· 允许他们做出正面或负面的评论（参见上面的例子）。
· 传达这样一种感觉，即发表负面评论是安全的（面对面交流要比通过问卷调查容易得多）。

细节层次

数据的细节也可能影响咨询师所使用的数据收集方法，而且定性数据和定量数据之间有重大区别。很多咨询（尤其是在战略层面）是关于定性数据的，比如：

· 我们与主要竞争对手相比怎么样？
· 对我们最有可能的技术威胁是什么？
· 哪些市场为我们提供了最好的增长机会？

详细的、准确的信息不一定是必需的，但重要的是要区分那些有需要的情况。例如，几年前，一家物流公司计划花费100万美元来升级他们的调度系统。他们指定了3秒的响应时间。经过一些研究发现，这种响应时间只是一小部分用户需要的，而大多数用户的需求可以通过只需几千英镑的软件修改来实现。得出这个结论需要收集相当精确的数字数据。这种更便宜的解决方案的好处必须与那些需要最快响应时间的人所面临的困难相平衡。

一般而言，技术咨询更需要详细的数值资料，例如：

·引入一个新的软件系统。

·公司搬迁。

·选定一套新的薪水系统。

战略咨询关注的是政策，需要对政策选项进行定义，以及在这些选项中做出选择。这可能是一个有关观点的问题，但是，可以通过德尔菲法等方法对观点进行统计分析。

确定所需细节的详细程度的试金石是：要使用什么数据，以及定义和区分选项需要多大的准确性。

一个示例

为了说明如何选择数据收集方法，我们将继续以ABC有限公司的库存控制项目为例。迪克使用了"个人绩效分析"的概念来得出他的假设，即部门之间有冲突是因为部门人员之间的目标存在冲突。如果他是对的，他需要对公司澄清情况并重新安排管理职责。

迪克用于下一阶段数据收集的绩效模型如图4-3所示。从整体上看，公司总的经营业绩取决于其组成部分的业绩，每一项都会有相应的衡量标准，但绩效目标必须设定为次优（即对部分业务最有利的不一定对其整体最有利；例如，对紧急客户订单的响应可能导致生产效率低下，但对于提供有竞争力的客户服务是必要的）。

迪克的模型表明，绩效取决于关键决策的制定，而这些决策又取决于每一位管理者是否拥有：

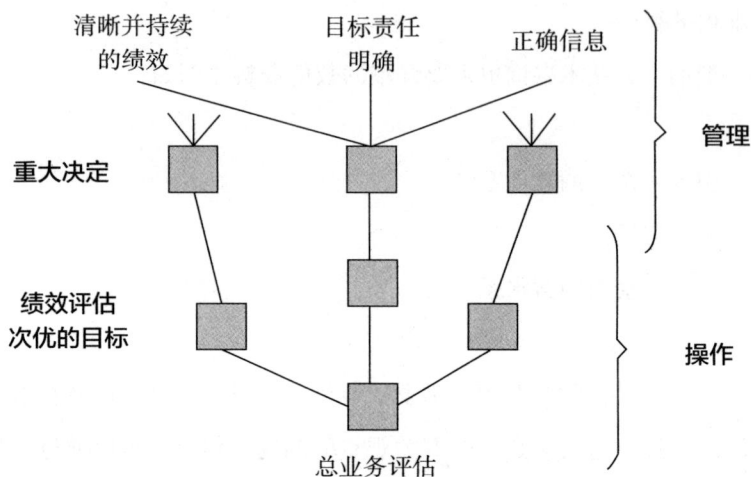

图4-3　迪克为ABC有限公司制作的绩效模型

· 明确的职责。

· 明确的绩效目标，与其他经理的目标保持一致。

· 正确的信息。

迪克的假设意味着这些标准没有得到满足，他需要确定并收集必要的数据来验证。

那么，假设迪克想要检查经理的职责是否明确，他首先需要确定哪些职责与库存控制系统相关。这是高度非结构化的数据，他最初的数据收集将尝试给这个假设更多的可能。衡量"是否明确"的特征是它产生于事实，且个体的感知是不清晰或错误的。因此，迪克需要使用一种收集意见的数据收集方法，并且，考虑到回答者的人数很少，他应该使用面谈的方式。

形成结论

咨询是社会科学，它所涉及的人和组织系统使得收集和分析数据变得困难，而这些数据的全面性与特定实验所需要的数据的全面性是一样的。如果数据是片面的，则需要你做出判断。尽管如此，重要的是你得出的结论要得到数据的支持。咨询师的一些技能包括将隐性知识具体化。向客户反馈你从他们身上学到的东西，可能会使他们对自己的情况有一个新的认识。我认为下面的三点对解决问题、数据收集和分析等方面都有重要意义，值得所有咨询师注意。

数据收集是对一家公司的干预：把它当作一次干预

自从20世纪20年代的霍桑实验以来，人们就知道观察者会对工作的人产生影响。咨询涉及与组织的交互，而收集数据是这种交互的一部分。一名咨询师的参与会让人们感到好奇或受到威胁，所以可以想象一下，咨询师的以下数据收集活动会在客户组织内部产生怎样的影响。

· 他们公开要求提供有关员工人数的信息。
· 他们在面谈时问："你认为你的薪水够吗？"
· 他们要求对关闭X工厂的后果发表意见。
· 他们问怎样才能使产量翻倍。

咨询师是变革的代理人，任何对数据的要求都可能意味着与数据有关的事项会有变化，无论多么无害。因此，在收集数据时，要记住，富有想象力的大脑可以不受限制地得出结论。

数据收集也是咨询师在公司里变得更广为人知的一个方面。工作做得如何将影响这个客户对咨询师的看法。

> 在一个涉及一组咨询师的项目中，其中一名咨询师向客户工作人员分发了一份问卷，该问卷设计得很差、很难理解。咨询师得到的唯一答复是对问卷的抗议，没有一份问卷是完整的，这件事严重影响了这组咨询师在客户中的信誉。

保持健康的怀疑态度

聘用咨询师的原因之一是他们的客观性。这一点最有用的方式之一是挑战传统智慧，因为传统智慧束缚了思维、扼杀了创新。诸如"我们五年前就尝试过了，但没有成功"之类的评论虽然是正确的，但却隐含着一个不言而喻的推论——"现在也行不通"。咨询师必须问："为什么？"

传统智慧（"众所周知的事实"和传统思维）需要验证。咨询师必须确信他们所使用的数据足够可靠，而且不会对激进的结论感到惊讶或害怕。

既要用脑，也要用"胃"

这不是建议你增加参加商务午餐的次数，而是鼓励利用直觉，因为总有那些无法完全用理性解释的印象或结论。大脑是一个强大的器官，没有人能完全理解它，也没有人有无限的能力。

在工作的过程中，你吸收了许多印象，其中许多是无意识的。同样，也有许多无意识的心理过程，其输出是直觉。

在那些我让理智战胜直觉的情况下，我几乎总是错的。因此，尽管咨询明显依赖于数据和逻辑，但请相信你的直觉。你总是可以在事后将你的结论合理化！

第5章

介入阶段

我们训练得很努力，但似乎每次开始团结一心时，我们就会被重组……我们倾向于通过重组来应对每一种情况，在制造进步幻觉的同时，变得混乱、低效，使士气低落。

佩特维尼乌斯·阿尔比特

客户是英国中部的一家制造公司，他们有个项目的目标是改善急剧下降的业绩。接受委派工作的第一天，两位咨询师开车来到客户总部，把车停在正门外的地方，上面写着"董事长专用"。他们列队走进来，宣布自己的到来。"告诉总经理，"一个人对接待员说，"咨询师来了！"

我一直很喜欢这个故事，一个以前的同事发誓说这是真的。故事把咨询师描绘成超人，被这样看待是令人愉快的。然而，可悲的是，在现实中，咨询师更像是唐老鸭，在水面上平静地向前航行，但在水下却疯狂地划水。

咨询师付出的大部分努力是为了创造变革。改变是咨询项目的核心，而咨询师在帮助公司改变的过程中扮演着关键的角色。

人组成的组织是这个星球上最复杂的存在，当前已经有大量针对组织行为的研究，当然，毫无疑问未来也还会有。这些研究提出了大量的理论和模型，让我们深入了解了组织在不同情况下的行为。然而，到目前为止，还没有一种普遍适用的理论可以让咨询师用来确定必须做什么才能产生特定的变化。根据我的经验，最好的方法是选择那些你认为对你个人有帮助的理论和模型。

我不认为你需要大量的理论知识来创造变化。变化是正常的，我们在生活的各个方面都会遇到变化。每个人都有自己基于经验的关于组织和人员如何以及为什么改变的理论，并将其应用于咨询项目。此外，咨询师很少关心改变本身，而是把改变作为达到目的的一种手段。

这就是介入阶段与咨询交付过程的诊断阶段的联系。在诊断阶段结束时，你应该已经得出了一些结论。这些结论可能在技术层面上是优秀的，对专家来说是美观的，但是在客户环境中几乎肯定需要修改。

建议是根据变化过程调整的结论

建议是结论调整后的结果。问题是在什么基础上进行调整，对变化过程的理解有助于咨询师认识到什么是可行的、什么是需要改变的。

如果你想实现一些不同的结果，你的做法就要改变。有趣的是，变化的表现形式可能在事物的主要结构中是很小的，例如要求个人改变：

· 他的工作地点。
· 他共事的团队。
· 他进行的任务。

然而，对于涉及其中的人来说，这些表面上的变化可能是深刻的：地位的改变、权威的丧失、学习新技能的需要。考虑到人的维度很重要。

变革的难题在于如何让人接受

也许可以命令人们服从改变，但总是不如赢得承诺的结果令人满意。

抵抗会阻碍承诺，人们很容易将赢得承诺视为克服了抵抗，这是一个不充分的观点。更好的办法是调动相关人员的力量，这样就能成功地完成变革，这就是承诺。当力量被导向为反对变革时，那就是抵抗。

一位作家曾建议应该尊重抵抗。这种观点强调，（在另一个人的心里）抵抗往往来源于一个坚实的基础。承认、理解和适应阻力可能会带来更好的想法、实施方法和对变革更大程度的接受。

许多人进入咨询行业是想要寻找"正确"的解决方案。人的维度很容易被忽视。因此，本章剩下的大部分内容都在讲述人与变革的关系。

改变越深入，就越困难

图5-1显示了变革的层次。（我要感谢艾伦·艾略特，他在伦敦城市大学商学院对这种模式的有效性进行了研究。他建议在层次中插入"策略"。）

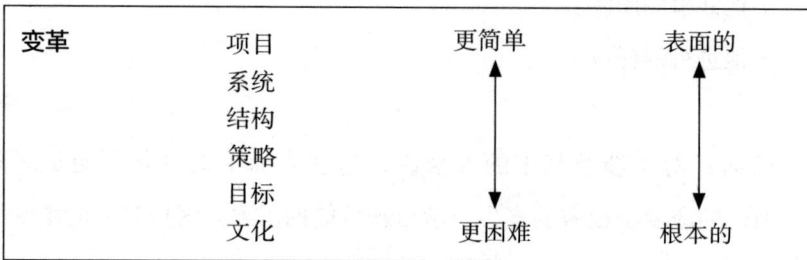

变革	项目 系统 结构 策略 目标 文化	更简单 ↕ 更困难	表面的 ↕ 根本的

图5-1　变革的层次

本定义所指的项目是在该公司现有的系统、结构和程序内完成的。例如新产品的试销、工厂的重新粉刷或新设备的安装。

这些项目是更根本的变化的一部分。例如，新的计算机设备可能会带来系统的变化，也可能带来组织结构的变化。

系统用于调节组织内部活动。除了信息管理系统外，还有许多其他系统，例如，用于规定人们到岗和离岗的程序、确定资源的分配和使用的程序、工作流程等。

这里所说的结构是指企业内部相互之间的任务组织。看待它的一种方式是将其视作必须完成一系列与内部、外部事务相关的任务。这些任务被收集到可以称之为职务的"方便组"中。结构就是关于这些任务分组以及职务之间的关系。

改变策略涉及组织业务的重新导向，这发生在进入一个新市场或新业务的时候。策略是实现组织目标的途径。

目标是组织的前进方向——在这种情况下，目标并不意味着短期目标或预算（例如，今年利润100万英镑），而是指组织的"使命"，例如：

·为所有居民提供医疗保健。

·出售公路运输设备。

·靠修理电视机谋生。

以上所有这些对于企业战略家来说都是家常便饭。然而，更根本的是企业文化的建设，企业文化是公司的基本价值观和规范。这将体现在许多方面：社交礼仪，以及公司的所有传统和习惯。这就是企业个性。

只有在少数情况下，咨询师才有必要在企业文化层面进行干预。实际上，许多表面的干预措施本身就会让企业文化产生改变，尽管影响不大。

因此，公司结构或正在使用的系统的变化将对公司文化产生影响，就像经历会影响人的个性一样。

对企业文化在道德层面上的修改应该谨慎对待。咨询师必须能够证明其所做的改变是合理的，而这不能简单地将他们的价值体系叠加在客户的价值体系上。文化变革必须有合理的商业理由。可能需要改变文化的情况如下：

1. 专权、长期任职的首席执行官（可能是公司的创始人）面临退休，且他没有明显的继任者。在这种情况下，公司需要从以某个特定个体为中心，转变为以公司为中心（罗杰·哈里森提出了四种组织文化类型，其中这种变化是典型的从"以权力为中心"到"以角色为中心"）。

2. 传统市场的衰退需要公司有创新和创业的精神。在一个成熟的市场中，通常的做法是维持现状——标准的生产流程、常规的销售和分销模式，等等。创新和创业精神与现状背道而驰。（大型公司可能会成立独立的事业部或子公司，以适应不同的风格，避免两种文化之间发生冲突。）

公司为变革所做的准备

完成变革的难易程度也取决于公司的准备程度。研究表明，公司内部的变化是不连续的——剧变的时期被相对稳定的时期分开。变革往往是新领导人的新举措，或者是对威胁公司的环境做出的反应。

格莱谢尔在1977年提出了一个变革公式（后被贝克哈德和哈里斯引用），如图5-2所示。

这个公式表明，如果要发生变革，元素A、B和D必须存在。更重要的是，它们在一起应该比变革的"成本"更重要——不仅是经济上的，还包括外围环境、时间、理想抱负等方面。如果A、B或D的规模太小，就说明公司对变革的准备不够。

$$C=（ABD）>X$$

本公式中
    C=变革
    A=对现状的不满意程度
    B=一个清晰的理想状态
    D=对理想状态有实际明确的步骤
    X=变革的成本

图5-2　格莱谢尔的公式

各方面的不足之处可概括如下：

· 我们对现状很满意。
· 虽然我们对现状不是很满意，但我们不清楚怎样才能让事情变得更好。
· 我们知道我们希望事情怎样发展，但我们不知道如何开始。

对准备情况进行分析能帮助咨询师决定在哪些方面可以最有效地进行投资，以实现所需的变革，例如：

· 让客户面对事实，以显示情况有多令人不满（有时，收集数据的行为本身会增加不满的程度）（A）。

· 协助客户界定事务的"理想状态",或调查客户发展的潜力（例如进行基准测试）（B）。

· 利用其他地方的经验来展示如何达到改进的状态（D）。

不要忽视X，即变革所需的"成本"；元素A、B和D可能都是重要的，但它们可能小于可预知的成本。除了增加A、B或D之外，还可以减少X。请记住，减少的这部分是可预知的成本，因此，减少X可以通过改变人们对成本以及成本本身的感知来实现。例如，部分可预知成本可能来自对未知的恐惧。来自咨询师的解释可以减少这种恐惧，从而减少可预知成本。

变革的过程

咨询师需要了解咨询项目中的变革的过程。这个过程可以分解为四个阶段，我们需要考虑适用于每个阶段的关键元素。

步骤如下：

1. 计划，即只在概念上处理变革。
2. 启动，即开始变革。
3. 实施，即执行变革。
4. 完成，即变革在组织中已经"固定"下来。

这些并不是完全不能变通的，通常，对变革性质的理解可能会在实施过程中得到发展。所以规划必须是灵活的，以适应这一点。

在变革的每个阶段，咨询师都需要能够回答以下问题：

· 现在在做什么？

· 我应该做什么？

表5-1列出了在每个阶段关于这些问题的答案。

表5-1　变革的阶段

	现在在做什么？	我应该做什么？
计划	愿景——确定我们要达到什么目标	提出有影响力的观点
启动	反应： · 欢迎 · 质疑 · 不确定性 · 抵抗	处理： · 增加能量 · 期望 · 沟通 · 疏通过程
实施	回应： · 接受 · 绩效下降 · 疏远	· 参加 · 建立信心
完成	完成永久的： · 变革 · 内化	· 奖励 · 回顾

计划

变革的愿景是客户对变革完成后事情将如何发展的看法。有时，咨询师的任务可能是帮助客户阐明这一愿景。

值得注意的是，愿景可能会随着变革的进行而改变或发展。最初，它可能只是宽泛的；随着时间的推移，它会变得更加详细。客户中的项目执行者与其同事、上司、必要的舆论导向者之间必须形成一种互相支持的氛围。显然，一个人的权力越大，他对他人支持的依赖程度就越低；但是，执行人员通常需要在计划阶段争取支持。咨询师可以帮助执行人员完成对所需支持的评估，第7章所述的力场分析法有助于实现这一目标。

启动

每当宣布一项变革时，那些受影响的人就会做出反应。有些人可能会接纳，有些人可能会抗拒。所有人都不知道变革的最终结果意味着什么，对许多人来说，这有着令人不安的不确定性。人们的这些反应是不可避免的，咨询师的任务是努力得到一种最有利于引入变革的反应。

人们会根据变革对自身的影响来决定是否支持变革。如果他们觉得自己会受到不利影响，就会抵抗；如果他们认为变革会让自己更好，就会支持它。这取决于他们对变革的看法，而不一定是客观现实！

在一个团队发生变革之前，他们必须做好准备。本章前面所述的格莱谢尔公式对分析这一点很有用。总而言之，变革必须满足四个条件：

1. 人们对现状不满。
2. 存在对于变革实施后事情会发展得更好的愿景。
3. 至少有一些关于开始变革的最初几个步骤的想法。
4. 变革的好处必须大于代价。

所有参与变革的人都必须满足这些标准。特别是必须有改变的动机，如果每个人都对现状满意，就没有理由改变。咨询师可以使用数据来显示维持现状的缺点。

然而，请记住，宣布即将到来的变革本身可能会创造一种让人们更容易接受变革的氛围。

一家公司经常处于变革之中。总经理使用的技巧是通过他的直接下属非正式地告知大家重组即将来临。等到大家都厌倦了这种含糊不清的局面，他们就会欢迎任何能解决现状的变革。

描述这种方法是为了说明不确定性的影响，而不是将其作为一种规定的方法。事实上，这对这家公司的士气造成了毁灭性的打击，该公司已倒闭。

在客户意识到变革的必要性之后，咨询师必须帮助客户向那些可能会受到变革影响的人"推销"变革后事情可能会向好发展的愿景。

这些活动有助于提升所有有关方面的支持意向，并将他们引向变革。这也被称为"解冻"，它的目的是让人们更容易接受变革的想法。"解冻"包括：

· 清楚地表明事情将会有所不同。
· 鼓励不同的行为。

组织中领导者的象征性行为可以提高整个组织的变革意识。

一位新上任的首席执行官，如果他非常有意地想要改造公司，那么他去偏远的办公室时，可以经常跑着（而不是步行）上楼。这种展示是他想要在业务中释放新能量的象征。

除非你认识到过去经验的影响力，否则很容易低估象征性行为在变革中的重要性。所有的组织都有故事、案例等，新人会被非正式地灌输这些故事。它们具有强大的影响力，因为它们说明了什么是正确的行为或决策方式。

你引入变革的时候，必须通过传播强调新行为或决策方式的例子来快速改变公司文化中的适当部分。

同样，有时也可以通过研讨会或其他会议来启动变革。除了起到促进交流的作用外，这些会议还可以被看作是标志着重大变革开始的仪式，鼓励人们在参加会议后做出不同的行为（这类仪式在日常生活中的一个例子是婚礼。虽然持续的时间很短，但它对夫妻如何看待自己以及社会如何看待他们产生了深远的影响）。

期望是变革的一个关键组成部分，人们对变革的期望以及变革对他们的影响将决定他们的行为。管理期望是至关重要的。不确定性导致的一个结果是，人们会在毫不知情的情况下得出自己的结论——这可能是完全错误的。所以良好的沟通是必不可少的。

在变革期间，实现良好的沟通可能需要咨询师与客户付出额外的努力，日常安排可能不足以应对重大变革的沟通需求。公司可以通过召开特别简报会议等来解决这个问题。通常，这些沟通渠道是单向的，但沟通必须是双向的，管理者不仅要告诉员工有关变革的情况，还要仔细倾听他们的回复。咨询师必须确保正确的沟通渠道到位，这样人们才能知道变革是什么、为什么有必要变革，以及变革将如何影响他们。

正如变革可能需要新的沟通方法一样，它也可能需要新的解决问题和进行决策的方法。不同的问题需要不同的方法，只有一种方法不足以解决所有的管理问题。咨询师应该让客户意识到这一点，并引入新的（通常是参与式的）解决问题和进行决策的方法。

实施

实施是变革的核心，可能需要相当长的时间——几个月，甚至几年。

有些人会很高兴地接受这种变化。他们代表了咨询师的一项"资产"，因为他们可以帮助说服那些尚未被说服的人。只专注于改变那些抗拒改变的人是很容易的，因为那些接受改变的人可以帮助那些不接受改变的人建立信心。

有时，管理者的信心可能会因为引入变革后业绩下降而慢慢降低。事实上，变革通常会需要人们改变做事的方式，而这又需要他们学习如何去做。在学习的过程中，人们不可能立即获得最佳的表现。因此，变革往往导致短期内业绩下降。对此没有准备的客户可能会放弃变革。

如果变革将人们带入完全不熟悉的领域，其业绩就会受到特别严重的影响。人们会出现抗拒变革的情况，这是因为他们：

· 不知道变革意味着什么、需要他们做什么、自身处于变革中的什么位置上。

· 感到无能为力，他们无力干预变革或无法改变变革对他们的影响。

这样的结果，往好了说是对变革的抗拒。在极端的情况下，它会造成相当大的压力，并导致人们在心理上从公司辞职，对他们的工作失去所有的兴趣，对自己的业绩漠不关心。让员工更多地参与以下活动，可以减少相应的风险。

· 了解正在发生的事情和未来的计划。
· 参与关于实施变革的决定。

前文已经提到了双向沟通的重要性，这就导致了普通员工对决策的影响：管理人员将得到什么样的信息反馈。

如果人们觉得无论他们说什么都无法影响变革，他们就会疏远这个项目，因为变革只是一样需要他们"做完"的事情。如果拥有影响力，他们将变得更加坚定。这种赋权是实施变革的一个主要因素，相反，消极的力量（说"不"的力量）是广泛分布的。所以如果人们不能影响变革，他们就会诉诸消极的力量，用它来阻止变革。

实际上，这意味着授权制定决策。人们最希望影响的决定是那些对他们个人有影响的决定。授权做这些决定也有好处，因为这些决定是由真正在做这些工作的专家做出的。

所以咨询师应该尽可能地在一定限制内鼓励经理将做决定的权力交出去。

建立信心是实施阶段的另一个重要因素。当变革扩散到不同的领域时，相关人员的信心可能就会有所差别。在这种情况下，你只能在与你打交道的组的范围内工作。有些组可能进步得很快，有些会慢一些。试图以超出团队人员能力范围的速度来改变一个团队，其结果对所有相关人员来说都是沮丧的。通常可以通过让那些不那么自信的人去观察在实施变革方面更先进的人的成功来建立信心。

在其他地方取得成功的"战斗故事"可以帮助一个群体建立信心。同样，早期的成功也可以帮助一个团队建立信心。

变革的另一个特征是告别过去。变革就像一段旅程，要到别的地方去，你必须离开现在所在的地方。有时很难把旧的方法抛在脑后，特别是当变革意味着过去的活动没有什么价值的时候。咨询师有时可以通过某种形式的展览，比如客户公司宣传资料的纪念版，来帮助客户缅怀过去。

作为一名咨询师，你可能很难理解公司员工对变革的抗拒，从咨询师的立场来看，为了大多数人的利益等原因，这似乎是合理的。但是要实现变革，你必须站在他们的立场上想问题——不要假设他们和你在一起。

一个有用的类比：让别人搭你的车，如果要一起到达目的地，首先你们必须在旅程开始时会合。如果你是开车的那个人，你要负责和乘客一起出发。同样，咨询师们必须充分认识到进行变革的出发点。

完成

实施变革后的期望状态是人们已经将其纳入他们日常的工作范围，它不再被视为变革，而是成了规范。这个过程被称为"内化"。但是，可能有人想回到过去的方式。之前同行的其他人都在旅途中，他们自己却不想离开家。如果不能说服他们离开家，最终他们一定会被甩在后面。

如果有人觉得很难接受变革，有时候前进的唯一方法就是把他们放在一个不需要进行改变的地方。有时，这可能意味着工作调动；有时，这可能意味着在别处寻找更合适的工作。管理者处理这类问题往往是痛苦的，所以咨询师应该帮助他们面对并处理问题。

人们会前往他们认为有回报的地方。在这种情况下，回报并不仅仅意味着他们的薪酬，还包括他们如何获得职业晋升、上级的认可、同事的认可，等等。人们获得回报的基础需要改变，以适应新的环境，否则变革将举步维艰。

除了钱之外，激励员工工作的一个关键因素是："我怎样才能让老板满意？"如果老板不致力于建立新秩序，那么他们的下属就很难做出改变。因此，变革要想成功，就必须渗透到公司的各个层面。

最后，还有回顾的过程——客户可以从执行变革的过程中学到什么？从一次变革中学习可能会帮助公司更好地完成下一次变革。咨询师可以看到，变革方案最后阶段的一部分就是回顾。

近年来，公司的灵活性（公司鼓动和做出变革的能力）已被正式认可为企业的一个可取特征。

转型问题

在继续讨论有助于变革的技术之前，值得一提的是变革过程的最后一点。即有时候做出变革的困难并不在于让客户同意接受结果；相反，困难在于规划出大家一致同意的从这里到那里的路线。因此，客户可能会出现对更改目标的抵制的情况，因为客户无法看到如何实现这些目标的路径。在这种情况下，需要进行一些适当的过渡活动，以便在较长时期内完成所需的变革。

转型的问题是"如何转型"，而不是"为什么转型"，这一点在前面讨论格莱谢尔公式时已经提过了。

咨询师面对客户的转型问题，与客户一起解决这些问题，可以为其将实施的变革打基础。下面是一个小型实例。

一位客户正在建立一项新业务，新的管理团队聚集在一起进行为期两天的会议，讨论流程。

新业务的目标很快达成了一致，会议似乎在第一个半天之后就结束了。然后，咨询师建议该小组应制订行动计划（谁将做什么、什么时候做），以实现他们所定的目标。

随后出现了一个问题，目标太过笼统，掩盖了细节上相当大的分歧和关于小组如何合作的混乱。

通过在接下来的会议中解决转型问题，该小组不仅能够制订计划（后来成功地执行了这些计划），而且能够增强其作为一个团队的力量。

帮助变革的技术

本部分介绍了一些可以在咨询项目中使用的技术，但是要注意那些会让变革看起来比实际更复杂的陷阱。如果所需要的变革只是表面的，只需要让那些受其约束的人同意遵守管理指示，那么就不太可能需要特殊的技术。然而，在要求更高的情况下，我发现以下这些技术在某些时候都是有用的。

启动研讨会

启动研讨会可能有些像培训课程，可以用来使新的行为成为规范，因此也类似于社会学上的重大仪式。

在变革项目中，培训课程可以用来鼓励态度和行为的改变。为了更加有效，课程应该：

· 远离工作场所，最好是在居住地进行。

· 至少持续一天，最好更长。

· 强度要高（这种强度不仅适用于课堂，也适用于非正式会议）。

这些安排与工作中的安排截然不同。它们是参与者日常工作生活中的一个休止符，因此活动必须具有影响力。总体效果应该是使参加者的态度"解冻"，使他们接受新的思想，并愿意且能够进行变革。课程所提供的培训内容应补充这些过程。

一家大公司想要显著提高管理业绩。通过的方案有两个组成部分：

· 具有激励效果的业绩改进因素。如果一个工作组的业绩能够提高10%，那么该工作组内的员工将获得10%的加薪。
· 培训旨在帮助方案中的管理人员执行有关的过程以及完成他们的新任务。

有非常多的管理人员参加了培训，他们的以下表现能建立起培训课程的良好声誉：

· 参与者在培训结束后行为有所改变。
· 他们对培训很感兴趣。
· 人们竞相参加培训课程。

可以给参加者出示一份证明，证明他们参加了培训。

举这个例子的理由是，它说明了如何能够成功地把培训方案作为一种仪式来使用，在这个例子中，它实现了目标：管理业绩的改善已经实现。

决定从何开始

如果你要给一家公司引入变革，它可能是全有或全无的变化（例如两个部门的合并），但通常可能有更渐进的引入空间。在这种情况下，你需要决定从哪里开始。

一种方法是选择客户公司内最容易改变的部分，在那里引入变革，并用它向其他可能不太愿意接受改变的部门展示变革的有效性。

因此，你可以在全面实施之前先进行"试点"。这种方法有三个优点：

1. 它将变革的范围缩小到更易于管理的比例，例如，将有更少的人参与，因此在简报、培训、会议上花费的时间会更短，等等。
2. 它允许你在新系统的常规实现之前对其进行"调试"。在任何新的工作方式中几乎不可避免地会有意想不到的困难，这就需要在设计上做出改变。
3. 它为变革的可行性和有效性提供了可论证的依据。此外，应该设立一个由客户员工组成的核心小组，他们可以权威地讨论变革所涉及的内容以及利弊。

　　变革的困难在于选择起点。公司的某些部门可能由于行政工作或其他原因而被排除在外，例如工作量达到峰值，因此无论如何，选择可能是有限的。如果所选择的部门的成功在其他地方没有太大的分量，那么这个部门即使能成功可能也不是最佳的起点。然而，我只遇到过一次这样的情况。一家机构希望咨询师在困难领域启动一个项目，理由是："如果我们想在一个容易的领域工作，自己就会去做。"

　　一个相关的问题是：你应该从组织的最高层开始变革，然后向下工作，还是反之？

　　在几乎所有的情况下，最好是从高层开始。高级管理层有更大的权力去完成事情或者阻止事情的发生。在以下情况中，你可以选择由下而上的方式：

· 变革只影响此级别的时候。
· 这个层次的员工必须参与进来才能使项目成功，也就是说，他们对项目有着巨大的可改变平衡的能量。

选择一起工作的客户员工

一个变革项目很少不让客户人员参与项目团队中的某个角色。例如，如果进行的是IT项目，员工可能是从客户的IT部门借调过来的。可能你没法选择谁与你一起工作——仅仅只是由于工作职责。而在其他情况下，你可以建立项目团队、选择成员。回顾这一章的开头，选择一个风格正确、权力和影响力都足够大的团队是值得的。

> 当地教育部门的一个项目要求设计一个工作包供县内学校的教师使用，以鼓励儿童节约能源。经验表明，如果工作包是由在教学一线工作的教师设计的，那么它最有可能被接受。过去，县里的教师不接受非教师设计的工作包，甚至不愿使用其他地方权威教师设计的工作包。因此，项目团队主要由来自该县的教师组成，设计的工作包也很受欢迎。

这种方法可以通过结合使用第7章中描述的力场分析（FFA）和利益相关者分析来实现。力场分析表明，一个关键因素是获得课堂教师的支持；而利益相关者分析会表明，他们最受同事建议的影响。

改变态度

面对变化，组织和个人往往表现得像一个巨大的橡皮球，他们在压力下会改变，但当压力消失时，他们又会恢复"原状"。由于咨询师引入的许多变革，将不存在返回更改的选项，例如，旧的计算机系统已被替换，因此必须使用新系统。随着更根本的变化，更没可能出现倒退的机会，因此需要他们真正地改变态度。有很多关于态度改变过程的研究，引用其中的一些理论会很有吸引力，但不是特别有帮助。

但是，由于这本书是关于实践的，在我看来，可以提取出三个一般要点：

1. 我们不太关心一个人的脑子里在想什么，但必须关心他做了什么——他做的决定或采取的行动。
2. 从本质上说，人们并不反对改变。对变革的抗拒更多的是由于沟通的失败或者变革本身就是错误的（我把那些对个人有不利影响的变革放在一边。很少有人会欢迎违背自身利益的改变，例如被解雇）。
3. 人们的态度经常可以通过改变其看待事物的方式来改变，而这可以通过提供改变他们观点的活动和经验来实现。

以最后一点为例，人们对变革的抗拒往往来自对未知的恐惧。在这种情况下，需要特别努力地向他们解释发生变革的原因以及变革后可能产生的后果。即使到那时，仍会有一些人感到受到威胁，咨询师必须对他们采取建立信心的措施。一项简单的建立信心的措施是允许那些易受变化影响的人事先与已经做出改变的其他人进行讨论，从而减轻他们的恐惧。例如，一件新设备的引进可以让即将操作它的人们通过观察它在另一个已经成功引进的地方的操作来促成。除非新的管理系统已经在其他地方成功实施，否则很难展示它们，因此，用试点来证明真正发生了的某些事情是有价值的。

需要在实施一项变革时采取进一步的措施来建立信心。无论如何精心地准备，无论如何良好沟通或是引入培训，变革早期还是需要一些高水平的帮助（一些咨询师称之为"护理"）。这意味着需要随时准备回答问题，克服困难，纠正错误。

尽管你付出了建立信心的努力，但参与者缺乏继续下去的信心时，你能做什么？当然，你首先需要让自己放心，他们缺乏信心是没有充分根据的；其次也要考虑是否有一些你可能忽略了的因素，使他们的怀疑有了实质内容；你还可以使用因果关系图与他们一起工作，以评估所有可能的失败原因，并监测它们是否得到了解决。

当然，这些措施可能解决了理性的担忧，但恐惧也可能是非理性的。最终，你可能不得不给他们一个推力，就像鼓励一个缺乏信心的游泳健将。他们一旦成功地做出了改变，就会有信心继续下去。

利用反馈

最后，可以使用反馈来鼓励变革。大量的测试表明，如果人们知道自己做得有多好，他们的表现似乎会更好。结合目标设定，这是一个强大的动力。在变革的背景下，不同层次群体之间以及个人之间的反馈可能是十分有效的。以下例子可以说明：

> 一家煤矿在其入口处的大招牌上显示了今年迄今为止开采的煤炭的累计重量。有一年，很明显的是，开采量可能首次达到100万吨。通过前所未有的努力和团队合作，他们做到了这一点。但如果没有定期反馈他们的工作情况，这一切就不会发生。
>
> 一群对自己业绩的某些方面有类似担忧的经理从未讨论过这些问题。咨询师发现了这一点，于是在一次小组会议上提出了这个问题。此后，讨论一个他们以前感到不舒服的话题也被接受了。

管理层通常只将员工沟通视为一个向下的过程，但它也应该是向上的。咨询师可以鼓励初级人员向高级人员反馈意见，这常常有助于改变最高管理层的态度。例如，一个管理团队认为其在保持员工知情方面做得很好，如果他们发现员工感到信息不足，就需要重新考虑这个观点。

因此，对于关注变革的咨询师来说，关键工作之一就是让客户员工了解事情的进展情况。除此之外，请记住，认可是最强大的动力，有完整的荣誉体系来证明这一点！因此，确保高层管理人员认可并祝贺那些参与变革的人所取得的成就是非常重要的。

安慰的话语

企业组织是咨询师介入的最复杂的系统。因此，毫无疑问，没有人能设计出一种全面的方案来确保变革的成功得到保证。你所能做的就是提高成功的概率，本章将为你提供一个这样做的基础。即便如此，如果这样说能让你获得安慰的话，就像所有的咨询师一样，你也会遭遇失败。

还有一种危险是"变革"被夸大了，让这个过程显得过于困难。但变革不是停滞的，是一种自然的状态。每个人从出生的那一刻起就会随着时间不断变化，作为一个物种，我们已经很好地适应了"变化"本身。因此，尽管本章给出了所有的建议，实现变革的最好方法可能只是让人们继续做下去。

不过，我还要给出最后的劝告。对于个人、团体或组织如何应对变革，每个人都有自己的理论。它主要基于过去的经验，并可能包括基于这些经验的推断。把你自己的特殊理论从头脑深处拿出来仔细检查是很值得的，有助于确定你关于变革的信念和假设在正在处理的项目环境中的意义。

第6章

结尾

不到最后，
不见真章。

佚名

在一次咨询会议上，一位演讲者对一个咨询项目的各个阶段都进行了介绍，并请与会者在他们感兴趣的任意阶段举手。开始阶段有很多人举手，但在结束阶段几乎没有人举手。

咨询师很少关注项目的收尾阶段。在完成一个项目时，应该有一个标准的程序，以确保从工作中获得最大价值。项目的价值可能是它提高了特定的业务部门运行的可靠性，或者在特定技术的开发或应用方面提供了有用的经验。实践规模越大，就越需要有一个正式的系统来确保项目经验被记录下来，以便在整个实践过程中有效地使用。

完成一个项目

在完成项目之前，你需要确保客户对你的退出已经做好准备，即你已经完成移交过程。

完成移交过程意味着客户拥有了独立运营的能力，可以维护由于你的工作而引入的变革和系统。因此，移交过程包括：

· 训练客户员工。

· 设置标准和程序。

· 建立系统和记录使用日志。

· 提供指南手册。

请记住，这些是你在这个项目上留给客户的主要成果，因此应该做到高标准。

客户应该确认项目已经完成——你已经充分履行了在项目开始时确定或之后修改的委托条款内的承诺。

一个项目的开始有一个"仪式"是很有用的，同样，一个类似的过程也可以在项目结束时用来标志项目的成功完成，可以是聚会或者其他一些符合客户企业文化的庆祝活动。

获取持续的商业价值

如何对待最后一个阶段取决于你如何看待你和客户的关系。理想情况下，你是客户的专业咨询师之一，他们会在出现问题时向你寻求帮助。但是在与这个客户一起工作的时候，你也有机会找到其他领域，你的实践可以帮助客户发展业务。希望你能把这些机会转化为进一步的销售业绩。

一个咨询项目能在项目期间提供给你一些未来的商业机会，比如通过以下方式更多地参与当前项目：

· 承担客户工作人员效率较低的工作。

· 参与项目的后期工作，例如在其他部门实施或复制项目。

咨询团队的成员也可以看到当前项目之外的工作机会，无论是为自己还是为公司的其他成员。

你还可以探索其他具有商业价值的领域。客户在当地或者行业内都拥有自己的人脉圈子，如果你做得很好，他们可能会替你做宣传，也可能已经准备好把你介绍给其他对你的服务感兴趣的企业。

还有些不太直接的好处，该项目或许能提供一份有用的证明，包括你所进行的工作和在某一特定商业部门工作的经验（事实上，你和客户可能会发布一份新闻稿来庆祝一个项目的成功）。这有助于类似项目的投标或获得同一行业的其他工作机会。

项目的完成不一定标志着咨询师与客户关系的结束。在实践中，可能需要进行售后服务，以确保新系统继续正常工作，或对客户的工作人员进行进一步培训。售后服务也为你提供了一种"进入"企业组织的权力，在此期间你可能会发现新的机会。

如果不继续扩展项目，你就可以从项目中退出了。当然，这不是关系的结束，你和客户现在比过去更好地了解了对方。记住，过去的客户是未来最好的销售对象，你应该与他们保持联系。即使不会再进一步与他们工作，你也应该为他们建立一个客户管理的流程，以维持适当的关系（无论是否进行咨询工作，你都应该进行客户管理）。

有很多种工具可以让你与之前或即将合作的客户保持联系，电子邮件就是一种方便的工具，也可以偶尔发送纸质信件。面对面的活动可能是社交性的，例如酒会、公司娱乐活动。近年来早餐会议变得越来越受欢迎，有些会议有时会被合并到早餐会议中。和客户的接触必须谨慎处理，不要让客户觉得你太纠缠不清。一个好的经验法则是你应该把预期的会议限制在一年两次左右（除非客户另有指示），但你可以更频繁地发送邮件。

你需要在与客户的接触中有一个明确的目标：在客户需要你的服务的那一天再去接近他们的机会非常渺茫；相反，你应该在客户需要服务之前行动，也就是说，让他们在需要服务时想到你。

然而，当前项目的压力可能会挤掉这项重要的工作，最好有一个系统的方法来跟进。不要忽视你以前的客户，他们可能是你最好的市场。

为实践提供价值

咨询项目的结束与启动相比同样重要，除了商业意义上的完成，咨询实践需要确保其他方面的价值也来自开展的这个项目的经验。

请记住，虽然一项任务的某些价值在于通过执行它而获得的工作经验，但这些经验也可以为将来的工作提供参考。因此，重要的是，即使没有进行正式的评估，也要评定一项任务的价值以及自身能从中学到什么。

你也可以对项目进行正式的评估。这包括将实际发生的情况与原始（或修改后的）委托条款进行比较。在整个项目中，你应该保留委托条款，并经常以此为参考，确保你所做的工作仍然是与其相关的。有趣但耗时的离题工作很容易继续下去。在理想情况下，所有的客户都会在项目结束时感到满意，但假如他们不满意，通常是因为你在一开始就有不同的期望，而不是因为操作失败。因此，必须确保整个委托条款是明确的。

进行商业评估也是明智的：这个项目能赚多少钱？这可以为将来的项目定价和运营提供有用的信息。

最后，在项目结束时需要回答的主要问题是："我们学到了什么？"咨询师在参与这项计划期间，应通过这项工作发展他们的专业知识。其中虽然会有错误和教训，但也会有一些成功点，应该加以庆祝。

第7章

分析工具和技术

管理咨询师……是借走你的手表告诉你现在
几点再走开的人。

《组织之上》罗伯特·汤森特

当然，管理和咨询技术有很多种，有些还十分著名。事实上，贝恩咨询公司多年来一直在发布最受欢迎的管理工具和技术清单。

然而，本章着眼于更基本、更持久的工具和技术——这些工具和技术可以在各种项目中使用。它们绝不是全面的，但包含了我多次发现的有用的技巧。

它们分为四类：

· 通用数据收集技术。

· 结构化数据收集技术。

· 数据分析技术。

· 一些有用的模型。

通用数据收集技术

虽然在诊断过程中已经讨论了需要什么数据的主题，但是在为客户工作的所有阶段都需要进行数据收集。以下是访谈、讨论组和调查问卷三种常用方法的优缺点和操作须知。

访谈

访谈是咨询师和客户的一名员工之间进行的一对一会议（顺便说一句，当我与客户讨论这些问题时，我很少称它们为"访谈"，而总是称它们为"会议"，因为有些人会反对接受访谈，但会议是他们日常工作的一部分）。

优点

- 它允许你与客户的员工进行私人接触，这在其他情况下是不可能的。与客户中的高级人员私下接触特别有用，这给你提供了机会，让你在那些可能对项目成功有很大影响的人面前留下印象。
- 它可以以非结构化的方式进行，使你能够跟随受访者的思路、优先级和情绪，而不是强迫受访者进入大多数的数据收集形式所需的预定结构。
- 它使客户的员工感到他们为项目做出了贡献，因此他们会更有可能接受结果。
- 它能帮你产生一种对企业和企业员工的"感觉"。如果访谈在被访谈者的办公室里进行，你的体验如何？他们总是会被打扰（并且允许他人打扰自己）吗？他们的桌子是否整洁？墙上有什么有趣的图表？所有这些都可能是有用的情报。
- 与其他方式相比，个人接触可以通过两种方式获得更多的信息：首先，受访者可能更有信心面对面地披露信息。其次，他们可能手边有数据可以和你分享。

缺点

- 这很费时间。
- 有时很难决定应该或者不应该访问谁（我通常会定义一个标准，并让客户选择。这意味着你要见的人几乎总是比你最初预算的要多）。

· 由于收集到的大部分数据是非结构化的，因此后续分析非常困难。

· 受访者可能对某事持有偏见。

· 很难整合不同受访者的访谈笔记。

操作须知

留出充足的访谈时间。因为起初你对企业的了解不深，所以一开始通常需要更长的时间。随着你对公司的了解越来越多，你需要问的问题就会越来越少，问题的焦点也会越来越清晰。

确保你和受访者对访谈需要多少时间有共识，访谈只用半小时的话可能会让人心生芥蒂，所以如果可能的话，提前与他们预定好时间（如果可能的话，预定的时间要比需要的长一点儿，这样可以避免超时）。

不要尝试做太多事。访谈是一项艰苦的工作，它要求你在任何时候都要百分之百地集中注意力，倾听和理解被访谈者在说什么，同时引导对话。根据经验，假设我每天工作8小时，我会安排4次1小时的访谈。或许每隔90分钟一次，额外的半小时可以用来延长访谈时间，允许迟到和记笔记。我意识到这样分配的六七个小时不会完全被访谈占据，所以通常会做一些能做的其他工作来填补空缺。

使用某种能够帮你以逻辑化方式展开讨论并分析回应的结构，如果进行访谈的咨询师不止一人，这一点尤其重要。表7-1就是一个探索性的访谈议程，其扩展了"调查领域"，主要内容是对银行财务功能的研究。它显示了可以用来开始讨论主题的问题的类型；编号系统也可以应用于回复（通过在你的访谈笔记的空白处标注参考信息），以便日后更容易地分析它们。也请记住介绍访谈内容，它包含了什么、有什么用处以及花费多长时间。最后，向受访者致谢，感谢他们的帮助，如果可能的话，也要提及之后会发生什么。

表7-1　调查领域

1. 现有的职能组织 　1.1 你的工作和向你汇报的人员。 　1.2 你在团队中扮演的角色。 　1.3 你的工作职责和所需的专业技能 / 知识。 　1.4 向你汇报的人的职责以及他所需的专业技能 / 知识。
2. 行使你的职责 　2.1 必要条件和责任。（是否有规定的责任？它们是什么？如内部会计的时间安排。） 　2.2 交流信息或决策的频率。（财务系统中；与银行其他部门合作；银行外部。） 　2.3 范围（自由裁量方面）。（你的团队有正式的职权吗？如果有，是什么？又是如何设置的？这一职权该如何改变？尤其是，你如何知道你所做的事是否不再被需要？或者是否有额外的任务？） 　2.4 绩效。（你如何知道自己的系统做得是否好或者事情是否出了差错？优先级 / 安全隐患：什么是最重要的任务？什么是如果出错就会产生严重影响的任务？）
3. 未来的发展 　3.1 你认为改变你的职能的主要影响是什么？（业务 / 组织变化；法律 / 监管变革；信息技术；其他。） 　3.2 这会对你的任务、团队责任、工作量、所需技能、其他造成什么影响？ 　3.3 财务部门的其他部分可能会受到什么影响？可能产生什么后果？ 　3.4 你的团队或整个财务部门是否需要做出其他改变来提高绩效？ 　3.5 详细说明以下内容： 　　·公司总部以及本地财务系统和子公司 / 海外分公司的信息联系。 　　·在处理以下任务时系统如何组织： 　　　▲不同专业内容。 　　　▲不同子公司 / 海外分公司。 　　　▲不同业务。
4. 个人发展 　4.1 简述你的工作历史。 　4.2 你认为自己的前景如何？
5. 你还想添加什么评论吗？

不要忘记经验丰富的审讯者的技巧——人在放松的时候会说得更多。在一次访谈的结尾你可以放下笔和记事本，用你的态度表示访谈已经结束了。此时，受访者可能会放松下来，告诉你更多有用的数据，而这些数据可能是他们不愿意在正式的面试中透露的。沉默是金，有时它也能让一位受访者说得比你预想得多。

为了保持良好的客户关系，你可以在见过客户后或访谈结束后，向那些放弃见你的客户致上感谢信。当然，并不是每次都适合这么做，有时客户可能会觉得这样太过正式，但这值得考虑。

讨论组

讨论组是一次性与客户的多位员工进行面对面的访谈。其存在一个变体——"小组座谈"，通常比一次访谈更有条理，经常用于市场调研。

讨论组与其他访谈有着许多相似的地方，和其他访谈相比，以下几点值得注意：

优点

· 比起一对一访谈，你能在讨论组中与更多人交流。

· 讨论组比一对一会议更高调，因此能用来宣传你的项目或者作为变革项目的组成部分。

· 你能观察到参与者的交流方式和小组的动力来源。

· 如果参与者意识到组内其他成员是开放包容的，他们会更加有信心给出自己的观点，也更容易激发出新点子。

缺点

· 人越多，每个人说话的时间就越少，你对每位成员的了解就不会那么全面，且总会有1～2个人主导讨论。

- 参与者可能会羞于在同事面前讲出自己的观点。
- 可能需要一间会议室举行讨论组访谈，所以你可能看不到他人的办公室。
- 这项任务更加困难：你必须控制一次更为复杂的讨论，所做的记录也是如此。因此通常有两位咨询师加入会更有用，一位引导讨论，另一位记录，但显而易见的是，这样花费的成本也会更多。

操作须知

选取小组的成员也需要依循一些基本法则。成员应来自相同的部门还是不同的部门？成员职位等级是否需要一致？确定好以上原则，记住你想要收集的数据类型，当然，它们也可以是变革的工具。例如，如果你想要就某个问题与其他部门交换意见，你可能需要选取来自不同部门的组员。

除非有充分的理由，否则请避免讨论组成员都是企业高管的情况。如果组内成员都是相互熟悉的掌权人物，你就成了局外人。无论你试图实现什么，可能都会被他们自己的工作所掩盖。

你必须同时引导讨论和做记录，这在讨论组中比一对一的访谈更复杂。上文提到过，理想状态下可以有两位咨询师，这样其中一位就可以引导讨论，同时另一位可以进行记录。如果没法做到，你也可以通过以下方式让这项任务简单一些：

- 更有条理：你需要更严格地控制所讨论的话题。
- 更加专注：你需要集中精力找到更具体的项目和范围。
- 简化笔记：你可能无法收集所有讨论组里有用的数据，在同时需要引导讨论时问题会更复杂。你可能希望求助于录音（讨论组的规模越大就越困难），但是对于大型讨论组，另一种方法是将要点记录在白板上。这样做还有一个额外的好处，那就是让参与者有机会确保你已经记录并理解了他们所提出的要点，同时也能回顾并综合之前的要点。

调查问卷

"调查问卷"一词在这里指的是咨询师为收集受访者数据而设计的文件。举例来说，问卷可以是：

- 态度调查，搞清公司员工的士气。
- 对一个特定产业部门薪酬的调查。
- 对汽车用户购买习惯的研究。

人人都能花费些时间完成问卷，并对问卷的设计产生自己的看法。有一些专业咨询师可能会使用标准调查问卷（例如，职业心理学家会使用它们来评估他人的心理状态）。在下文中，我们认为调查问卷是没有标准且可以自行管理的，即受访者自己完成而非在咨询师的监督下完成。

优点

- 如果必要的话，样本人数可以非常大，且调查问卷比访谈所花成本更少。
- 得到的回应很容易被分析。
- 对于受访者而言所花时间更少，或者说更容易配合他们的工作。
- 如今网络调查问卷也是一种收集观点的简单方法。

缺点

· 你只能得到自己提出的问题的答案，因此你必须确保那些问题是你想问的。

· 你没有机会向受访者解释提出的问题，所以问题必须清楚而不含糊。

· 受访者可能会羞于以书面形式评价他们自己。

· 类似的是，除非你在问卷中提供相关信息，否则你无法知晓受访者对某一特定回答的感情的相对强度。

· 人们可能会忽视这份问卷，或者在回答上拖拖拉拉，所以一个能百分百体现受访者内心想法的回答是不太可能得到的，其中可能会给你留下一些失真的样本。

操作须知

虽然在整个过程中所做的大部分工作是在访谈后进行分析，但是在进行数据收集之前，必须在设计问卷时做出努力。尤其是你必须确保：

· 以逻辑顺序提问。

· 使用的措辞是明确的，并没有让受访者偏向特定的答案。

· 这些问题是可以回答的。

将调查问卷与公关报告同等对待。如果它得以广泛流通，那它可能是受访者形成的对你、你正在进行的项目和你所代表的组织的看法的唯一基础。所以请确保将它良好地呈现出来并且保持其公平、公正。

你同样需要考虑匿名问题。你是否想在之后的某个时刻知晓受访者的身份？解决此问题的一种方法是向受访者提供一个具有唯一性的一次性代码，使他们能够填写问卷，但不泄露身份。

在问卷进行全面分发之前，先对部分受访者进行先导问卷调查总是值得的。这可以帮助你发现问卷中需要提升的措辞或者设计的不当之处。

不仅是问卷需要先导试验，之后的多个过程也都需要如此。这些回答是否都易于分析以给出你需要的信息呢？

即使是在这些测试之后，如果某一受访者在完成问卷时出现困难，你可能希望在其中加入你的电话号码或者电子邮箱，让他们联系你。

不要忘记调查问卷的管理。你需要确保自己做了充足的准备，以便：

· 调查问卷被发送至合适的人。
· 在收到问卷后，他们知道自己需要做些什么。

如果问卷通过电子邮件分发，或者你使用的是纸质版问卷，你需要确保：

· 受访者清楚该如何返还问卷。
· 调查问卷确实被返还给你。

请别忘记在问卷中让有关受访者填写他们的相关信息和工作内容。之后你可以对比不同的信息，依据年龄、性别或者一些其他可区分的特征来进行辨别。也请考虑一下你是想要分清不同的受访者还是想要通过匿名方式得到更好的答案。

使用量表和勾选框记录不同的回答。表7-2就是一个例子。

表7-2 调查问卷示例

食堂	非常好	好	一般	不好	非常不好	无感
1.你觉得食品的品质如何?						
2.你认为菜品的多样性如何?						
3.你觉得服务怎么样?						
4.你认为装饰怎么样?						
5.总的来说,你认为餐厅如何?						

注意不要创建有偏向答案的量表。下面的量表偏向于有利的评论。

非常好
好
不错
一般
不太好

结构化数据收集技术

这些是有目的的数据收集技术。所需的数据将由上面提到的一些通用方法收集。如下所示:

- 关键事件法。
- 德尔菲法。

·利益相关者分析法。

·权力制图法。

·汇编栅格法。

关键事件法

这是一种从人们那里获得有效和无效行为数据的方法，所产生的数据可用于研究工作流程、个人或团体表现、挑选和培训员工以及设备设计。

关键事件法在种类多样、模棱两可或灵活多变的情况下最有用，而且在定义什么样的行为或环境能带来最好的结果方面十分重要。

这样做的方法是聚集一些专家，并从他们那里收集关于关键事件的数据。关键事件是指他们观察到的结果明显成功或不成功的事件。最好通过一个例子来描述这种技术。

假设银行希望改善柜员的服务品质，关键事件法的应用如下：

1. 聚集一些柜员或者柜员的上司。重要的是，这些人能够观察到无效和有效的客户服务，因此是这一方面的专家。

2. 收集关键事件的信息。这些是他们对观察到的有效或无效的客户服务时的描述，你可能会问三个方面的问题：

·当时的情况如何？

·柜员做了什么？

·结果如何？

你可以使用标准表单来收集这些数据，完整的示例如表7-3所示。

关键事件的数据不一定包含戏剧性事件，大多数事件都是日常工作的一部分。数据将在一个讨论组中收集，或者你可以请专家将一段时间内他们观察到的记录下来。同样重要的是，有效的事件和无效的事件应明确区分开来。

表7-3　关键事件表格

当时的情况如何？
一位客户向柜员抱怨银行收取她账户的手续费，而她直到收到银行对账单才了解到这些费用。

柜员做了什么？
柜员解释了收费的依据，他看了看银行对账单，并就客户今后如何避免收费提出了建议。他给了她一份资料，解释银行手续费是如何产生的以及如何避免它们。

结果如何？
客户依旧对这笔意外的手续费不太开心，但对柜员的帮助表达了谢意。

3. 下一步是分析这些事件。它们提供了丰富的数据，除了行为之外，你还可以利用小标题总结特征，例如：

- 系统：收取银行手续费而不做解释或解释其根据。
- 技巧：礼貌地处理投诉，诠释银行收费的基础知识以及如何避免收费的知识。

这个例子的特征都是相关联的。分析过程的开始是将事件的每个特征写在卡片上（这可以帮助我们在之后进行整理）。这是一项可以由咨询师单独完成或与专家合作完成的任务。

这些卡片可以被归类到不同的类别中。这是一个应该由专家来做的任务。一种方法是把专家分成两组，每组提出不同的类别，然后把它们放在一起对比，并总结得出结论。因此，在上文的例子中，客户服务事件可分为以下类别：

· 处理日常事务。
· 处理投诉。
· 处理备用系统故障问题。
· 需要他人参与的情形。
· 其他。

4. 之后可以根据这些类别的有效性来衡量它们的行为。这些创建的量表有时被称为"行为锚定等级量表"。如表7-4所示，"处理投诉"一项按五分制评分。

行为锚定等级量表是使用关键事件法的主要输出。表7-4中的例子可提供有用的资料，以评估个别柜台职员处理投诉的能力，或提供处理投诉的培训指导。

表7-4　行为锚定等级量表示例

5	对客户的投诉表示关注，并积极寻求解决方法。
4	同情地倾听投诉。
3	被动地听取投诉。
2	对客户态度不善。
1	与客户发生争执。

德尔菲法

德尔菲法（以古代著名的"德尔菲神谕"命名）是由美国兰德公司在第二次世界大战期间提出的。它在从专家那里收集复杂或不清楚情况的数据时非常有用，因为专家可能有广泛不同的观点。因此，它经常在规划中作为预测未来的一种手段，也被用作解决问题的方法。可以使用德尔菲法解决的问题有：

·未来10年，银行零售客户需求的本质是什么？
·随着交通堵塞的加剧，乘客的交通选择会有何改变？

这种方法很费人力，所以只有在真正出现问题的时候才能使用。

在德尔菲法中，专家需要完成一系列调查问卷，每一份问卷都是基于前一份问卷的回答设计的。

专家彼此间不需要见面，因此可以包括来自客户组织外部的专家。

该技术包括以下三个阶段，每个阶段都可能涉及一轮以上的问卷调查。

1. 确定对最初的开放式问题的主要回复。
2. 确定这些回复的相对权重。
3. 确定专家意见与平均意见有显著差异的原因。

确定对最初的开放式问题的主要回复

一个简单的例子可以说明该方法的工作原理。假设你正在为一家食品加工公司制定一项战略，想确定未来10～20年新技术对食品生产的影响。首先，你要召集一组专家——这些人很有可能对此有自己的看法，其中一些专家可以从客户的公司中寻找，但也可以找其他人，例如：

· 客户的顾客。

· 加工和包装设备制造商。

· 竞争者（当然，只有当他们能够分享研究结果时才可以参加）。

· 食品技术专家。

· 运货商。

第一份问卷是定性的，且给出的问题将围绕以下主题：

　　在你自己的业务领域，你认为会影响食品加工的重大技术发展是什么？

小组的每一位成员都将从自己的角度出发给出回应。例如：

· 顾客（可能是食品分销商和零售店）将对消费趋势发表评论。例如，单身人士越来越多可能会导致高质量熟食的需求增加。

· 加工和包装设备制造商可能会预测，短期批量生产将变得更具成本效益，从而允许为小客户生产"自有品牌"。

· 食品技术专家可能指出利用基因工程来改进合成食品的生产。

· 运货商可能会设计出新的保存技术，以便引入更多种类的外来水果。

当然，还会有很多其他的预测。

确定这些回复的相对权重

下一份调查表将分析专家们在这些问题上的一致程度。表7—5就是问卷的一部分。分析这个阶段收集的数据与陈述的一致程度，由此判断预测的准确度。

你也可以设置一个中间阶段，对这些陈述进行分类，并要求受访者添加可能由这个列表提示而想起的其他内容。接下来，你可以要求受访者对每个语句的重要性进行评估。一部分你认为最重要的陈述可以使用表7-5的形式进行评估。

表7-5　德尔菲法问卷摘录示例（第一部分）

根据你非常同意（1）或非常不同意（5），在1～5分的范围内标记下列陈述。如果你不想评论，请用0标记。

消费趋势	不想评论	非常同意	同意	一般	不同意	非常不同意
微波炉即食食品需求增加	0	1	2	3	4	5
有食用速冻食品的趋势	0	1	2	3	4	5
有食用新鲜食品的趋势	0	1	2	3	4	5
…………						

咨询公司常用的一个营销策略是通过一项调查来为某一特定领域的服务做宣传。这类调查经常使用基于上文所述德尔菲法前两个阶段的技术进行。例如，一家销售电信咨询服务的公司决定通过发布一份关于未来10年电信企业发展趋势的调查报告来吸引公众的注意。公司将从一些基本的问题开始，（使用德尔菲法的第一阶段）得到主要的回答。最初的问题可能包括"未来10年电信将如何影响商业活动？"，回答可能是：

· 增加了手机广告的数量。

· 语音流量业务停滞。

· 固定电话系统的数据流量继续快速增长。

然后，咨询公司可以对大量电信设备用户进行民意调查，以评估他们对这些声明的认同程度。这些结果可以以统计格式提出，这对参与电信行业业务规划的人员可能非常有用。

通常情况下，调查将显示每个问题的回答种类。例如，对另一个问题的回答如下：

你认为在未来多少年的时间里，基因研究将有可能使人类失去的肢体"再生"？

5～10	3%
11～15	15%
16～20	27%
21～25	25%
超过25	5%
不可能	25%

确定专家意见与平均意见有显著差异的原因

第三份问卷将数据反馈给专家，将他们的意见与所有发表意见的人的平均意见相比较。表7-6对此进行了说明。

表7-6　德尔菲法问卷样本的提取

下列表格将专家意见与所有发表意见的人的平均意见相比较 √=专家意见；■=平均意见 未来5年电信业增长的驱动力				
增长（%）	100–200	200–300	300–400	400+
市场渠道	√	■		
手机的使用		√	■	
数据通信		■		√

在问卷的结尾处请求受访者备注解释也能丰富数据。在表7-6的例子中，意见的分歧可能是因为受访者认为智能手机将取代电脑。

请记住，要对所谓的"异常值"——不属于常规观察领域的数据感兴趣。近年来，人们对"黑天鹅"这一概念的兴趣也日益浓厚。"黑天鹅"指的是一系列罕见但并非不可能发生的情况。因此，不要忽视那些远离常态的观察结果。

从上文可以明显看出，德尔菲法是一种耗力巨大的方法。它需要管理人员进行大量的分析工作，需要受访者投入大量的时间和精力。对于大的讨论组，它也需要仔细地组织。对于咨询师来说，这是一项有用的技术，但要尽量少用。

利益相关者分析法

利益相关者分析法是一种简单的方法，用来观察在某种情况下谁是有影响力的人，以及他们的动机。你也可以记录下他们影响力的本质。对观察结果的记录如表7-7所示。

表7-7　利益相关者分析

姓名	对这个话题的影响	他希望发生什么／他的动机是什么

请注意，影响的程度取决于具体情况。一个人在一种情况下很有影响力，但在另一种情况下则不然。例如，我可能认识一家跨国公司的首席执行官，但他也可能无助于我在其一家子公司赢得一个咨询项目，因为这家子公司的经理虽然级别要低一些，但却主导着这个项目。利益相关者分析可以用来：

·帮助你确定你提出建议后客户的可能回应。
·帮助计划如何与客户沟通。

例如，如果两个有影响力的人目标冲突，那么在会议上他们可能会浪费所有的时间去争执，而不是推动事情的开展。

在与客户的会议中，进行利益相关者分析所需的信息会很自然地出现。该表格还可以帮助你确定需要进一步了解的领域。

权力制图法

利益相关者分析法是依次考虑每个个体，而权力制图法则是分析他们对彼此的影响。图7-1就是一个示例。当然，影响既有商业方面的，也有个人方面的。例如，两个经常一起打高尔夫球的人很可能会影响对方的看法。两人的关系好坏也很重要，如果A不喜欢C，那么如果A支持某件事，C的自然倾向就是反对这件事。

在给定的情况下，权力制图法有助于决定谁才是你应该说服的关键人物。在图7-1中，如果你能赢得E和C的认可，那么就很有可能从其他人那里得到有利的反应。

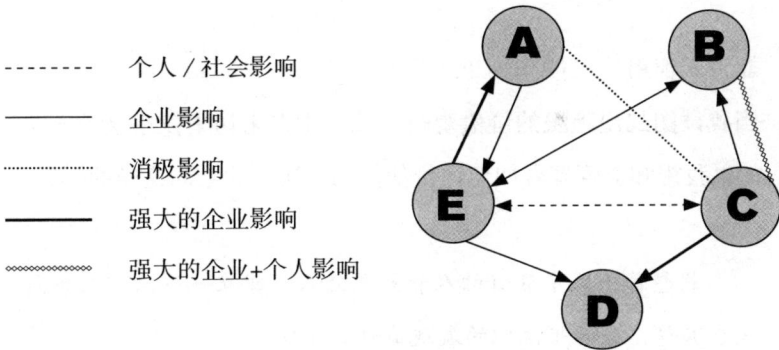

图7-1　权力制图法

举例来说，咨询师可能会问受访者："就工作a和工作b对企业的价值而言，它们哪个更重要？"受访者回答："工作b。""为什么？"咨询师则问。受访者回答："因为工作b预算更多。"因此，咨询师得出的结论是：受访者认为一份工作的价值取决于预算规模。

汇编栅格法

汇编栅格法一般用来找出人们看待事物的角度——他们在判断事物之间的显著差异时所使用的因素。这些因素被称为"结构",它们所应用的对象被称为"元素"。

第一步是定义要评估的内容。在工作中一个常见的例子是为了职位评价而做的工作价值评估,我们可以用汇编栅格法来创作一个工作结构,通常可以用来当工资结构的基础。随后你可以选择一些不同的工作(元素),并邀请他人就这些工作对公司的价值进行比较。

在说明了该原则之后,让我们首先看看该方法的非正式使用,然后再看看分析性方法的使用。

非正式使用

当我试图找出组织的价值观时,我经常在采访中使用这个方法。例如,如果我想知道管理者如何评价他们的下属,我会问这样的问题:

> 想想你团队中最好的人和最差的人。想象一下他们从事同一个工作,告诉我他们的表现有什么不同。

这个问题的回答会在很大程度上让你知道组织如何认定员工绩效。在与其他经理的面谈时重复同样的问题,应该可以显示出一些共识。然后你可以使用这些数据,例如,查看它是否与业务目标一致,或者与下属对其评估方式的看法是否一致。这个问题的设计有两个要点。第一点是元素的选择,在本例中是经理自己团队中的人员。第二点是在什么背景下他们的表现会有所不同。更改其中任何一个都会影响他们给出的数据,如表7-8所示。

表7-8　问题措辞的重要性

元素	角度
人	外貌
工厂	污染
产品	安全
销售人员	销售绩效
公司员工	关系质量

　　每一种组合都将引发受访者对不同问题的看法。"人的外貌"和"人对安全的看法"会产生完全不同的"结构"。

分析性方法

　　当你想要结合不同受访者的看法时，分析性方法会更好。为了进行说明，假设哈里特受委托收集社区对公共服务价值的看法，并且她正在与一名叫作托尼的受访者会面以征求他的意见。首先，她需要确定一些"元素"，在这个例子中指一些职业，如：

· 消防员。

· 护士。

· 古典钢琴家。

· 律师。

· 环卫工人。

· 木工。

可以引出"结构"的一种方式是邀请受访者从中挑选出三个元素，

并寻找其中任意两个元素之间的相似性，从而将它们与第三个元素区分开来。因此，假设有三个元素：消防员、护士和环卫工人。哈里特可以问托尼，某两个工作之间有什么相同之处可以与第三个区分开来。对于这些，托尼可能会注意到，对于他来说，主要的"结构"是：

- 室内工作／户外工作。
- 主要是男性／主要是女性。
- 有生命危险／没有生命危险。
- 培训时间长／培训时间短。
- 一天工作24小时／只在白天工作。

然而，这些差异并不能告诉我们多少托尼对公共服务的看法。所以哈里特可能会问："从他们对社会的价值来看，把这些工作分成三组，一份工作和另外两份工作有什么区别？"

托尼可能会公正地争辩说，他对这些工作的看法将与上面的列表相同。如果哈里特想要深入一点儿，她可以这样问："这个'结构'重要吗？如果重要，为什么？"这可能会产生更多的"结构"。所以，把这个问题应用到上面的第一点：在室内或户外工作。托尼可能会说："在户外工作比在室内工作更不舒服。"因此产生了另一个"结构"，即工作环境的舒适性。

相似的是，托尼可能会认为每天24小时提供服务会导致他们必须在非社交时间工作，这也是另一个"结构"。

另一种从最初列出的"结构"中引出更多"结构"的方法是，让人思考："哪一个'结构'是最重要的？为什么？"在以上那些"结构"中，托尼可能会选择第三点，因为对他来说，生命安全是至关重要的。

116

所有这些都能让我们了解托尼对公共服务的看法。

有了理论的想法，哈里特如何捕捉和分析数据呢？方法如下：

她将每个元素（环卫工人、木工等）写在一张单独的卡片上，并给卡片编号（本例中为1~6），随后拿起三张卡片（随机或预先确定的数字组合，如1、2、3），问道："就社会价值而言，其中两份工作与第三份工作的共同之处是什么？"她可以重复不同的组合。

表7-9　汇编栅格法表格

（得分1）　　　　（得分5）

就社会价值而言，这两份工作有什么共同之处？	就社会价值而言，是什么让一份工作与众不同？	元素分数					
		消防员	护士	古典钢琴家	律师	环卫工人	木工
户外工作	室内工作						
主要与人相关	主要与物品相关						
有生命危险	无生命危险						
……………	……………						

当得到这些"结构"时，她可以使用如表7-9所示的表单来捕获信息。第一行是"户外工作"和"室内工作"。在做这件事时，她应该确保：

· "结构"是相关联的。它们会有许多相似和不同之处，但令人感兴趣的是它们的社会价值。

· 使用精确的语言，以便别人能理解她的意思。例如，"善于沟通"是模棱两可的表达方式，它的意思是"写得好"还是"做得好"？

· 她没有将两个不同的"结构"放在同一行中，即如果左边的表格中填入"户外工作"，右边的表格则应该填入"室内工作"，这些是单独的"结构"，应该放在单独的一行。

现在，她让托尼在表7-10中根据每个"结构"为每个元素打分（后面将解释其他两行的用法）。这里显示的是每个"结构"的五分制；左边的极值为1，右边的极值为5。每个元素的得分取决于它位于两个极端之间的位置，并且每个元素的得分都需要输入列表中。例如，第一个"结构"是户外工作与室内工作。按照这个比例，环卫工人得1分，古典钢琴家得5分。

表7-10 一个"结构"的得分

（得分1）　　　　（得分5）

就社会价值而言，这两份工作有什么共同之处？	就社会价值而言，是什么让一份工作与众不同？	元素分数					
		消防员	护士	古典钢琴家	律师	环卫工人	木工
户外工作	室内工作	2	4	5	5	1	3

最后，哈里特需要评估哪些是真正重要或相关的"结构"。这可以通过总体评估对元素进行评级来实现。因此，在这个例子中，托尼会根据每个工作的社会价值对其进行评分，最低分为1分，最高分为5分，如果需要，这个排名可以通过配对比较（见后文）来完成。总体评估如表7-11所示。

表7-11 不同工作就社会价值的得分

（得分1）　　　　（得分5）

就社会价值而言，这两份工作有什么共同之处？	就社会价值而言，是什么让一份工作与众不同？	元素分数					
		消防员	护士	古典钢琴家	律师	环卫工人	木工
低社会价值	高社会价值	4	5	2	1	2	2

接下来，哈里特需要看看她所引出的每一个"结构"与托尼对社会价值的总体评估之间的关联程度。一个简单的方法是把分数的差异加起来，差异越小，这个"结构"就越相关。

表7-12显示了"户外工作与室内工作""低社会价值与高社会价值"的不同之处。

表7-12 两个"结构"的差异

（得分1）	（得分5）	消防员	护士	古典钢琴家	律师	环卫工人	木工	总分
低社会价值	高社会价值	4	5	2	1	2	2	
户外工作	室内工作	2	4	5	5	1	3	
差异		2	1	3	4	1	1	12
与总体价值呈反向相关								
（得分5）	（得分1）							
低社会价值	高社会价值	2	1	4	5	4	4	
户外工作	室内工作	2	4	5	5	1	3	
差异		0	3	1	0	3	1	8

一些"结构"可能以相反的顺序被记录下来，即高社会价值的方面将被写在左边（如表7-9中"有生命危险"一栏），且只有一个得分。为了检测属于这一类别的"结构"，你可以把得分颠倒（即最低社会价值得分为5，最高社会价值得分为1），这也在表7-12中有所显示。

如你所见，第一种情况下的差异总和为12，而反向相关情况下的差异总和仅为8。我们可以由此推断，托尼认为户外工作比室内工作更有社会价值。

表7-13　完整汇编栅格法表格

（得分1）　　　　（得分5）

就社会价值而言，这两份工作有什么共同之处？	就社会价值而言，是什么让一份工作与众不同？	元素分数						
		消防员	护士	古典钢琴家	律师	环卫工人	木工	总分
低社会价值	高社会价值	4	5	2	1	2	2	
反向相关值		2	1	4	5	4	4	
户外工作	室内工作	2	4	5	5	1	3	
差异		2	1	3	4	1	1	12
与反向相关值的差异		0	3	1	0	3	1	8
主要与人相关	主要与物品相关	4	1	2	1	4	5	
差异		0	4	0	0	2	3	9
与反向相关值的差异		2	0	2	4	0	1	9
有生命危险	无生命危险	1	1	5	4	5	4	
差异		3	4	3	3	3	2	18
与反向相关值的差异		1	0	1	1	1	0	4

表7-13完成了表7-9中所示的表，所有"结构"都有得分。总体值和反向相关的值都在顶部，而差异显示在每个"结构"下的两行中。

这表明，"有／无生命危险"这个"结构"的相关性很好（总共的差异值仅为4）。

因此，托尼认为一份工作的社会价值与它是否有生命危险有着密切的关系。

你现在会意识到，这是一个艰苦的过程！但是，在尝试捕获和分析基于意见的数据时，它可能很有用。

数据分析技术

正如在本书其他地方提到的，数据分析的过程会提供接下来要寻找哪些新数据的提示。在本部分中，我们将介绍以下分析数据的技术：

1. 帕累托法则。
2. 配对比较法。
3. 力场分析法。
4. 因果分析图。

帕累托法则

帕累托是一位意大利经济学家，他研究了财富的分配，发现大部分财富掌握在少数人手中。图7-2显示了财富与拥有财富的人口的百分比之间的关系，从最富有到最不富有的人口分布曲线。

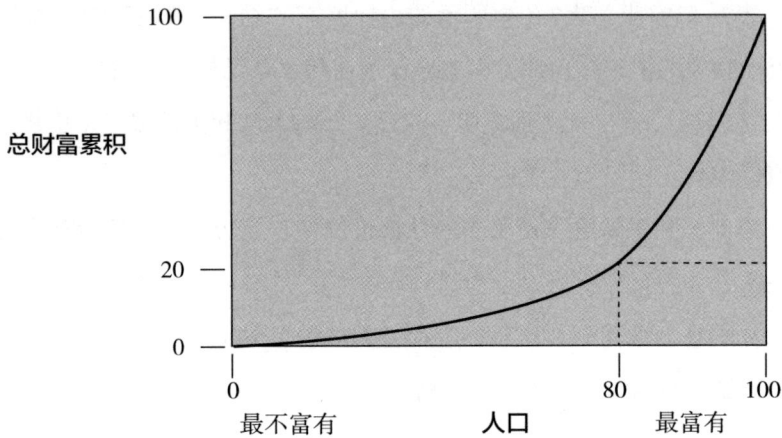

图7-2　帕累托曲线

　　这条曲线显示，20%的富有人群拥有80%的财富。因此，如果政府希望提高税收，那么将注意力集中在最富有的那20%人群身上，要比花大力气收取其余80%人群的税收效果更好。

　　这种分布在很多情况下都是如此，故而可以定义为一般法则（为方便起见，我们称其为"帕累托法则"）：

　　　　在任何一组东西中，起最重要效果的只占其中数量的一小部分。

上文中关于财富分配的解释也有以下几个著名的定义：

·二八定律。

·收益递减定律。

日常生活中有很多体现帕累托法则的例子：

·一小部分原因导致了大多数致命的交通事故。解决主要原因（如超速）将有助于道路安全。
·一小部分酿酒公司生产大部分的啤酒。
·小范围的故障将产生大量次品。
·一小部分客户将占销售额的较大比例。

这一法则也被运用到许多管理理论中。

管理目标：经理们被要求找出"关键结果领域"，这些领域的高绩效会对他们的工作成果产生最大的影响。

关键的成功因素：选择支持管理活动所需的信息应着重于成功因素。在大多数行业，通常有3~6个因素决定着你能否成功，这些关键的工作必须做得非常好，公司才能成功。

后一个例子向我们展示了帕累托法则与咨询师的相关性，换种说法则是：

在咨询项目中，如果想要成功，咨询师必须注意和控制一些关键因素。

因此，咨询师需要确定所涉及的那些关键动态因素，即对结果有不成比例影响的方面，例如：

·在生产作业中，可以为特定投资节省最多的生产要素。
·必须说服领导相信这些建议。

·如果执行得好，会大大提高咨询师的信誉。

一旦咨询师确定了关键动态，他们就应该利用这些动态来决定需要做什么，并确定它的优先级。

配对比较法

配对比较法是一种给物品排列顺序的方法。它涉及依次将每个项目与其他项目进行比较，并根据预定的比例评估它的重要性是更高、同等，还是更低。例如，假设你必须收集一些关于咨询技能的相对重要性的观点，用于评估咨询师，这些技能可以是：

1. 技术知识。
2. 项目管理。
3. 撰写报告。
4. 表达。
5. 影响力。
6. 数据分析。
7. 商业性。

表7-14显示了用于收集每个受访者完成的数据的矩阵。事实上，是半个矩阵（因为一旦比较了A和B就不需要比较B和A了）。

表7-14 咨询技能的相对重要性

	项目管理	撰写报告	表达	影响力	数据分析	商业性	（d）	总分
技术知识	2（a）	2	2	2	2	0（b）	10	10
项目管理	（0）	2	2	2	2	0	8	8
撰写报告		（0）	2	0	2	0	4	4
表达			（0）	0	2	0	2	2
影响力				（4）	2	1（c）	3	7
数据分析					（0）	0	0	0
（商业性）						（11）	X	11

矩阵的关键信息如下：

1. 每项技能被分成不同的行来比较（除了最后一项技能），随后顶部是相同顺序的相同技能，但是是从第二项开始的（以此避免将某技能与其自身进行比较）。因此，表7-14严格上来说并不需要在底部列出"商业性"，但为了评分方便，我们依然将其列出，同时，分成列的技能中没有"技术知识"一项。

2. 如果横行的技能比竖行的更重要，那就填上2分；如果它们同等重要，就填1分；如果竖行比横行更重要，则填0分。因此由于技术知识的排名比项目管理更重要，（a）格是2分，但由于商业性比技术知识更重要，（b）格填写的是0分。再往下，影响力被认为与商业性相当，因此（c）格填写的是1分。注意，没有必要保持对等，例如，虽然商业性被认为与影响力同等重要，但项目管理被认为比影响力更重要，且没有商业性重要。

计分规则如下：

1. 把每行的分数相加［总数填在（d）列］。
2. 把每一列加起来，但把方框里的每一个分数取与之相反的数——即将2变成0，1仍然是1，0变成2。这些列分数显示在括号中，与它们相关的行相对。
3. 将行和列的分数相加，得分最高的项目排名最高，以此类推。

因此，示例中的结果如表7-15所示：

表7-15　配对比较排序结果

最重要	商业性
	技术知识
	项目管理
	影响力
	撰写报告
	表达
最不重要	数据分析

优点

1. 这比一次性排列所有项要容易得多。
2. 它允许受访者的意见不一。
3. 你可以通过添加受访者的分数来组合他们的观点。

缺点

1. 一开始看起来很复杂，需要详细地向客户解释。有时人们的反应可能是"这太复杂了"，但一旦熟悉起来，客户似乎很乐意使用这种图表。

2. 注意正确地设置图表——一项因素放错位置会毁掉整体。

3. 刚上手时设置分数有点儿难。

操作须知

1. 在客户第一次使用表格时，帮助他们填写。

2. 不要让客户的工作人员计分，除非客户想这样做。

3. 由于评分的复杂性，最好是为此建立一个电子表格或联网的系统。

应用

配对比较法不仅可以获得排名，还可以获得所评估元素的相对权重。例如，在选择新总部的地点时，公司可能要考虑以下因素：

·与高速公路和机场的距离。

·与主要公共交通站的距离。

·当地是否有足够的秘书及文员。

·写字楼租金。

·是否靠近老板的乡间别墅。

·能否为高管提供廉价住房。

·可获得的其他奖励。

并不是所有的因素都是同等重要的，可以使用配对比较法进行加权。然后可以收集关于每个预期地点的相对优势的数据，并就更重要的地点进行比较。

力场分析法

力场分析法是一种简单却十分强大的方法。它的前提是，所处情况在给定的时间内都处于平衡状态，而其中支持变革的力量平衡了反对变革的力量。如图7-3所示。

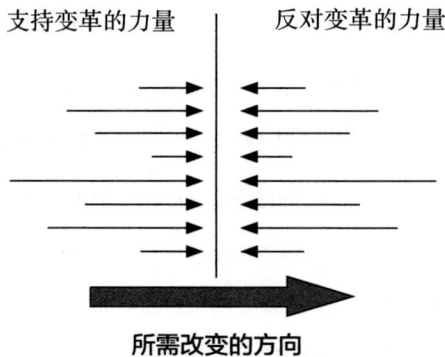

图7-3　力场分析法

开展力场分析法的步骤包括：

1. 给所需的变革定性。这需要谨慎地进行，并且可能需要将变革分解为多个部分。例如，最关键的变革可能是为了赚取更多的利润，但是这需要有其他大量的项目来促成这一点，单独分析每一个项目会更有帮助。因此，减少废品率、增加销售额、提高工作效率或减少旷工都可以用力场分析法来解决，因为每一种方法都应有助于提高利润。

2. 确定双方的力量。这一项最好与客户员工一起完成，不仅因为他

128

们对情况很了解，还因为他们的参与应该有助于他们认识和接受具体的变革。在这个阶段，要确定所有重要的力量，其中一部分是人员支持以及技术力量。例如，对提高销售价格的一个重要的抑制力量可能是总经理的反对意见。

3. 确定支持和反对的力量的相对大小。显然，通过改变更重要的力量，可以更有效地实现变化。几乎可以肯定会出现一些你无法改变的主要力量，有必要认识到它们是什么（这是帕累托法则的一个应用）。

4. 确定一个基于平衡变革力量的行动计划，即增加支持变革的力量，减少反对的力量。然而，增加一些支持的力量可能会产生未知的反应，所以要避免增加那些让人们感到威胁或压力的力量。

力场分析法有助于我们找出影响变化的重要因素，并为计划的行动提供基础。举例而言，假如一个吸烟者想要减少他每天吸烟的数量。

第一步：给变革定性，这是可以量化的，比如说，从每天50根香烟减少到10根（但最好是减少到0）。

第二步：确定双方的力量，表7–16列出了支持变革和反对变革的力量。

第三步：确定你可以做的，并消除那些你做不到的。这一步取决于"你"是谁。如果"你"是政府，"你"的能力将和原来的你是主体时大不相同，因此，如果此时的"你"是希望减少吸烟的人的亲密朋友或配偶，就有可能改变广告或香烟的价格。

第四步：确定行动计划。开始戒烟的压力可能会产生更大的阻力，所以你需要去平衡处理。这在很大程度上取决于这个人是想要戒烟却觉得这样很困难，还是他们根本没兴趣戒烟。假设是前者，你可以跟他们打个赌："你不可能在一个月内把吸烟量减少到每天10支，我跟你赌100英镑。"这可以利用自我控制的欲望。

表7-16　力场分析的例子

支持变革的力量 ➡	⬅ 反对变革的力量
自我控制的欲望	对家人的反抗
房子和衣服的味道	香烟广告
呼吸的气味	陶醉于吸烟
牙齿变黄	朋友们也吸烟
患癌和其他疾病的风险	在特定情形下的习惯
香烟余味	减少压力
健康广告	给嘴巴／手找点儿事做
家庭压力	减轻无聊感
成本	减少食物摄入
呼吸急促	
喉咙痛	

从每天50根香烟减少到每天10根

可以通过使用戒烟口香糖来减少反对力量。戒烟口香糖不仅会占用你的嘴，还会减少吸烟的乐趣。

如果一个人不想减少吸烟的数量，那么问题不是如何减少，而是让他们首先有想要减少的意愿——这是另一个完全不同的问题。

因果分析图

因果分析图也叫石川图，也因为它们的特殊形状而被称为"鱼骨图"。它们是将信息绘制出来的一种方式。

其中一个例子如图7-4所示，展示了对咖啡机中产出的味道不好的咖啡的分析。如果咖啡机产出的咖啡味道很差，该图显示了主要的可能原因。

最好的方法是先进行"头脑风暴"，列出所有可能导致咖啡口感不佳的原因，然后寻找一些共同点。图7-4中列出的原因如下所示：

· 操作人和操作方法。

· 流程和设计。

· 原材料。

· 设备维护。

所有的原因都可以归在这些标题下。

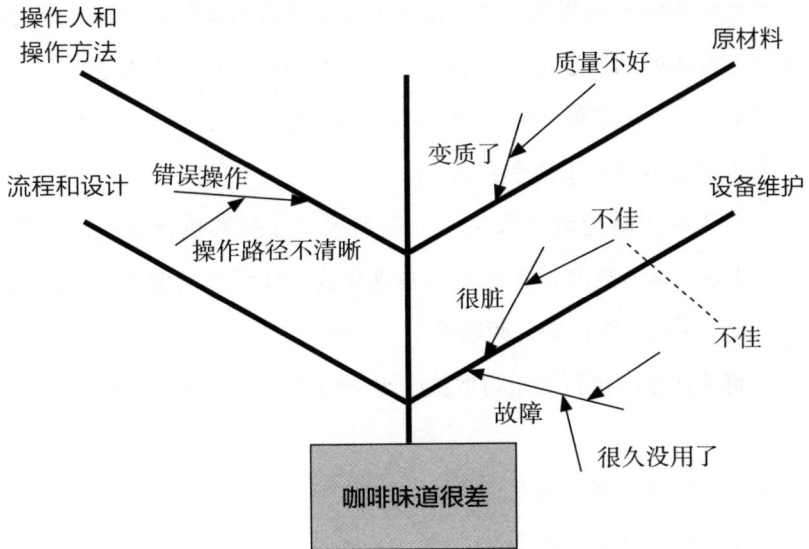

图7-4　因果分析图

原因可能只是相关的，并不是决定性的，所以在图表中，脏的设备是一个可能原因，而维护不佳也可能是设备很脏的原因。箭头使各种原因联系起来。同样的原因可能会重复出现，所以维修不佳也是设备故障的一个可能原因。把"头脑风暴"的原因列表绘制出来的好处在于这可能会激发人们对其他原因的进一步思考。

一些有用的模型

模型是帮助人们了解情况的十分有用的工具。在这里讨论的有两种：个人绩效分析和冲突分析。

个人绩效分析

力场分析法和帕累托法则一般适用于需要进行变革的情况，既可以解决技术方面的问题，也可以克服与人打交道的困难。个人绩效分析结合了以上许多方法来帮助提高个人或团队的绩效。

个人绩效分析基于两个方面。

1. 个人或团队的绩效取决于一系列独立任务的执行情况，和技术任务一样，这些任务也可以是进程或管理任务，例如，与他人沟通、执行工作计划、激励员工，等等。

2. 每项任务的执行质量将取决于以下因素：

· 任务定义是否清晰明确。

· 个人执行任务的能力。

· 个人执行任务的动力。

频繁的变革涉及新的或不同的任务，需要确定新任务的优先级、学习新的技能、以不同的方式做事，等等。在绩效没有达到要求的情况下，个人绩效分析是很有帮助的。第一个方面强调，这些新的任务和活动必须确定下来，第二个方面强调，如果没有达到令人满意的表现，那是因为：

· 人们不知道他们必须做什么。
· 他们做不到。
· 他们不想这样做。

这可以用方程来表示：

绩效=方向×能力×动力

这三个组成部分都是必要的。一方面，不管我的动力多强，我都不太可能赢得奥运会跳高冠军。另一方面，尽管我可能有能力就某一特定主题准备一份一流的报告，但如果我不感兴趣或有其他优先事项，报告准备得可能就不够充分。

或者说，我愿意并且能够非常有效地完成一项错误的工作，但这并不能带来有效的绩效。例如，一个部门可能会制作一份全面的月度报告，并且投入大量精力按时完成，但如果没有收件人阅读它，即使任务高效完成，也是完全没用的。

在实践中，动力不足导致的绩效问题往往是由能力不足、对特定任务的性质或优先级缺乏明确认识造成的。

几年前，我应邀为解决一家制造厂的问题出谋划策。制造厂的生产主管说："困难在于，虽然我们安装了新的加工设备，但生产效率并没有达到预期的水平。"他想知道一线主管是否有问题。

我和主管们开了一系列的会，结果发现他们都很关心这个问题。更重要的是，他们知道如何提高生产力。问题不在于动力或能力，而在于主管和管理人员之间的重要沟通任务没有得到适当的优先考虑。

该项目开辟了主管和管理人员之间的正式和非正式沟通渠道。不久之后，生产效率比项目开始前提高了50%。

冲突分析

因为项目的变革而出现冲突是完全有可能的。罗伯特·布莱克和简·穆顿（1964）提出，当冲突发生时，人们会认为：

· 冲突是不可避免的，达成一致是不可能的。
· 冲突并非不可避免，但达成一致却是不可能的。
· 虽然出现了冲突，但可以达成一致。

这些观点会如何影响人们取决于其所涉及的利害关系，即他们对结果的重视程度。

当风险较低时，行为是被动的；当风险较高时，行为是非常主动的。这些类型的行为如表7-17所示。

表7-17　冲突分析

行为	冲突是不可避免的，达成一致是不可能的	冲突并非不可避免，但达成一致却是不可能的	虽然出现了冲突，但可以达成一致	预知到的风险
主动	"输—赢"双方权力斗争	退出	解决问题	高风险
↕	第三方调和	孤立	妥协、调和	中风险
被动	认命	冷漠或无视	平和、共存、缓和	低风险

由罗伯特·布莱克和简·穆顿提出

冲突的"最坏"结果是"输—赢"双方权力斗争，这对双方都是一种能量消耗，而且无论如何对赢家来说都是得不偿失的胜利。

关于这个模型值得注意的一点是，当面临冲突时，人们对情况的认知决定了他们的行为。因此，如果参与者认为赌注很高，并且认为冲突是不可避免的，那双方达成一致几乎是不可能的，结果将是一场输赢双方的权力斗争。同样，如果发生了这种权力斗争，你可以推断出这些信息。如果可以避免或者停止这种斗争，那么可能是参与者关于冲突性质的认知被改变了。例如，赌注似乎不太值得了，或冲突并非不可避免，又或者可以达成一致。这样一来，随着认知的改变，大家的行为将变得不那么具有破坏性。

咨询师几乎不可避免地会不时面临冲突。如模型所示，理解冲突的本质有助于制定策略以减少破坏性行为。

第8章

向客户汇报

我热爱当一名作家。但我无法忍受文书工作。

彼得·德·弗里斯

当演讲者让他的听众感到紧张不安的时候，
听众会试图鼓起勇气站起来回家。

佚名

在一个为培训新咨询师而开设的课程中，参与者被问到，在向咨询师转型的过程中，他们觉得最困难的是什么。每个人都给出了几个理由，但是小组一致认为写报告比较困难。这与我培训新咨询师的经验是一致的，对所有咨询师来说，撰写高质量的报告可能都会很困难。

此外，如果你问咨询师为什么会工作到深夜，最常见的原因可能是他们在准备文件或演示文稿。

这一章主要讲的是如何做报告。"报告"对咨询师来说可以是很多东西，所以我们对这章中的相关术语进行定义：

· 报告是一种与客户的沟通。
· 文件是出具的纸质报告。
· 演示是在咨询师的带领下，与客户面对面进行的交流，可能有文字或图表材料的支持。

如今，商业越发国际化，在这个行业工作的人可能会与不同母语的人交流，你需要考虑到这一点。但是，大多数的困难并不在于表达或风格的不恰当，而是缺乏对要表达什么和如何表达的思考。因此，本章的大部分内容是关于如何准备报告的。但是，首先，让我们回顾一下需要文件或演示文稿的场合。

向客户报告

纸质材料

咨询师涉及的纸质材料包括：

- 信件。事实上，随着近年来电子邮件的发展，使用信件进行交流的人已经大大减少，如今这些电子邮件更应该被称为"消息"。我怀疑过去12个月通过邮递收到的客户来信数目不超过两位数，事实上，它很可能是零！然而，我们发送的电子邮件的数量是相当多的。电子邮件影响了书面沟通的风格，但像信件一样，信息的风格几乎肯定会反映出发件人的性格和双方关系的性质。
- 承接某一合同或项目的建议书。有时可能会以一封相对简短的信的形式确认口头协议的要点，但更多情况下将以报告的形式进行。
- 审查项目状况的进度报告。
- 旨在就某一特定话题与客户展开辩论的立场文件。
- 一个项目或它的一个阶段末尾的项目或任务报告，通常与对未来的建议放在一起。
- 与系统或设备操作有关的手册。

当然，他们还需要提供许多其他文件，例如培训材料、调查问卷和其他数据资料，如果在咨询公司工作，还要提供内部备忘录一类的文件。

本章不讨论这些问题，但是描述的原则可以在一定程度上应用于这些问题。

除了以书面形式收到这些信息外，客户还可以要求咨询师面对面地展示这些信息。

演示

在私人生活中，我们可能会被要求在晚餐后、婚礼和其他场合发表讲话，或者在社会或公共事务中以某种身份发表演讲。这些方面的实践和经验对咨询师很有帮助，但在咨询过程的不同阶段，对同事、客户和公众的演示都各有特殊要求。图8-1使用咨询业务流程模型，给出了一些演示场合。

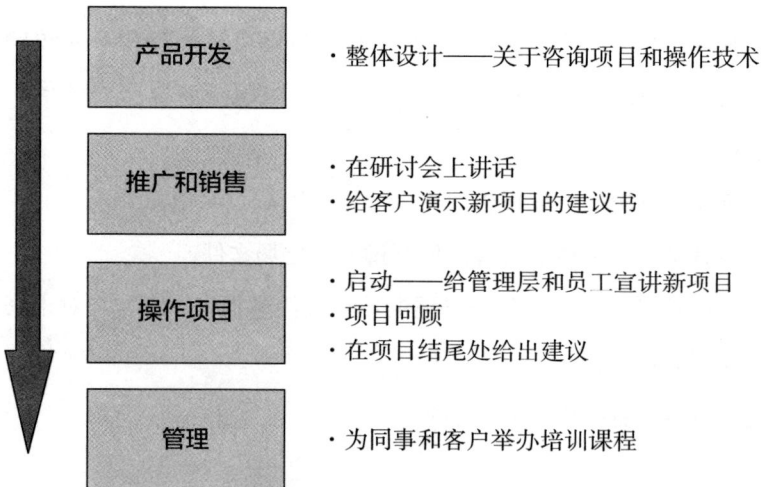

图8-1　涉及演示的场合

改善表现的良性循环

如图8-2所示，改善表现的良性循环的三个步骤可应用于向客户报告以及许多其他实用技能。因此，接下来将讨论这三个阶段。

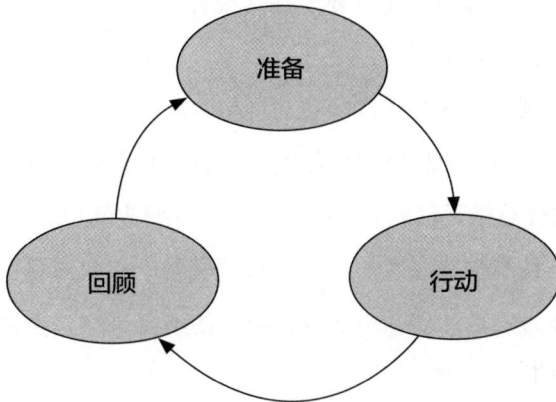

图8-2　改善表现的良性循环

1. 准备：明确向客户报告的目的，决定沟通的内容和方式。
2. 行动：制作书面文件和演示文稿。
3. 回顾：从经验中学习。

准备

什么时候需要报告

如果籍籍无名的咨询师有一座坟墓，那墓碑上很可能有着一份精心准备但却完全没有被人读过的文件的目录。一位客户曾经抱怨道："我们不想要报告，但是咨询师们似乎特别喜欢写些大部头。"那么，仔细想想，你是真的需要一份报告来推动项目进展，还是你只是在让自己安心？在某些情况下，交付报告的决定权不在咨询师手中，例如，客户需要一份书面提案，或项目的委托条款规定了进度或其他报告的时间。应考虑给出报告的其他情况如下：

1. 有事可报。即使在没有要求提交报告的项目中，也值得考虑对进展情况进行总结性审查。

在一个案例中，一名咨询师曾与一组管理人员一起工作，帮助他们在一个发生重大变化的环境中重新定义各自的角色和目标，他在项目结束时用一个文件总结了已经完成的工作和取得的成就。

进度报告是维护良好客户关系的极佳机制。有些项目可能将进度会议或报告安排为项目计划的一部分，但即使不是这样，也值得考虑，因为它们可以用于：

- 向客户保证项目进展顺利，即使没有其他需要报告的内容。
- 安排与赞助商（委托这个项目的人）的会面（因为咨询师一般是和赞助商的下属一起工作）。
- 为运营咨询师提供进度记录和准则。

2. 立场文件可以为思考特定问题提供一种机制，且你必须向客户表达清楚复杂问题，这样有助于项目的进行。

在一项持续一年多的重大研究中，一些独立的外部咨询师被借调到这个工作团队，也有来自专业分包商的投入。这项研究的成果是一份单独的文件（最终超过2000页）。因此，在整个项目中协调各种投入和保持必要的速度是极为重要的。

项目负责人通过让项目团队在一年中向客户提交一系列关于附属事项的重要立场文件来实现这一点。这不仅创造了一系列里程碑，也是咨询师可以对最终产品提供自己的评价和贡献的手段。

立场文件和进度报告之间存在差异，但它们都是很有用的。立场文件可能是工作过程中的一种工具，也可能是公开辩论的主题。例如，项目开展期间的一份立场文件可能会讨论分配给特定业务部门多样化业务的利与弊。

它可以作为一种机制来突出对某一决策至关重要的问题，并提供一种手段，以征求公司内关键决策者和有影响力的人的意见。

然而，你可能会因为提供过多的立场文件而陷入困境。

在一项为期好几个月的兼职工作任务中，咨询师发现自己越来越频繁地主动提供立场文件，因为这是与客户打交道最方便的方式。结果他花在修改立场文件上的时间越来越多，与客户相处的时间却越来越少。这是一种恶性循环：客户与他的见面减少，联系减弱；他的文件与该组织的政策不太协调，因此需要更多的时间来修改。最终，客户终止了项目。这个故事的寓意是：立场文件是一种手段，而非最终目的。

咨询师最常需要做的报告是任务报告或项目报告。这些都是在项目结束时产生的，或者可能是在项目的主要阶段结束时产生的。它们是让大多数新咨询师（也包括有经验的咨询师）最为头疼的文件。但是，我们依旧需要强调项目报告。通常，它们是咨询师所做的工作和客户所支付的费用的唯一物质表现。在一个花费了大量咨询费的项目结束时，客户需要咨询师提交一份与费用相当的文件。

何时进行演示

演示的好处在于:

· 人际接触使双向沟通成为可能——人是无法对文件提出问题的。
· 它允许你在内容中加入优劣对比,你可以以书面形式无法做到的方式强调重点。
· 它有助于你体现自己的性格特征。如果喜欢,你可以称之为"人格魅力"。

直到有一次我因故失声,才明白最后一点的好处。

当时,我为一家特定客户的经理们进行了一系列的课程,从周一至周五。一个星期天的晚上,到达旅馆时,我发现自己因为感冒而完全失声了。我打电话给那些负责我部分课程的同事,(用低沉的声音)告诉他们我的困境。

他们没能把自己负责的课程改到周一,于是周一早上8点半,我开始给一群陌生的经理上课。幸运的是,教室里有一个麦克风,我可以借助它清晰地勾勒出管理课程的轮廓。但我感到自己的力量被剥夺了,直到那时,我才意识到自己有多依赖于用声音来表达我的个性,以吸引他人的注意力,让课堂气氛破冰,建立好我和经理们之间适当的人际关系。这是在一门课上必须做的一件事,不要只是简单地陈述材料,以期让这些材料发挥有效作用。那一周的晚些时候,我的声音恢复过来,但课程结束时的评分却很低。

因此，如果想使用演示，你需要：

· 能够解释复杂的话题。
· 给客户提问的机会。
· 预估客户对你所讲内容的反应。
· 通过改变你的方法来回应客户的反应。

目的

在决定需要一份报告后，第一步是厘清其目的。偶尔的报告仅作为一种参考（如研究的结果或一份民意调查），但大部分咨询报告是达到目的的一种手段。例如，说服客户为一份特别的工作进行咨询，或者作为一个项目的结果接受检验。

这一点经常被咨询师忽略。报告的目的是在客户的系统中产生某种影响。考虑到目的，重要的是清楚地了解报告将产生的影响：报告对推进销售过程（在有建议书的情况下）或对咨询师参与的项目的进展有什么意义。

制作报告只是为实现这些目标而采取的若干行动的一部分。事实上，在许多情况下，报告可能只是已经提交的，经过讨论并与客户达成一致的意见的记录。

然而，在所有案例中，你都必须清楚报告的目的：为什么要制作它？它要达到的目标是什么？它们是否值得投入所需的时间和成本？

图8-3展示了思考报告目的的关键方面。

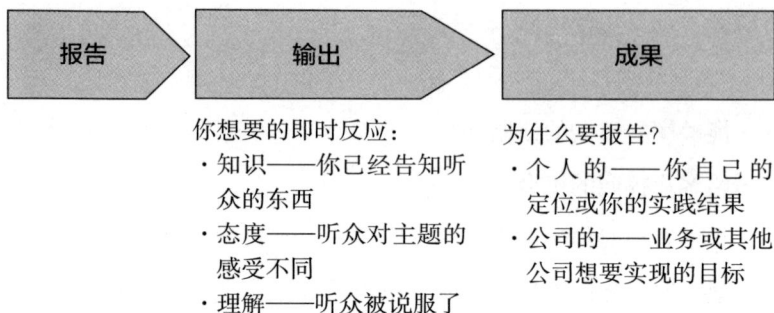

| 报告 | 输出 | 成果 |

你想要的即时反应：
· 知识——你已经告知听众的东西
· 态度——听众对主题的感受不同
· 理解——听众被说服了

为什么要报告？
· 个人的——你自己的定位或你的实践结果
· 公司的——业务或其他公司想要实现的目标

图8-3　一份报告的目的

图8-3区分了输出和成果。

输出是报告的直接结果。它们通常包括：

· 知识——你已经告知听众的东西。

· 态度——听众对主题的感受不同。

· 理解——听众被说服了。

反之，成果是输出的长期效果，一般可归为：

· 个人的——你自己的定位或你的实践结果。

· 公司的——业务或其他公司想要实现的目标。

在计划如何到达目的地之前，先想想你最终的目的地是哪里，这总是一个好的策略。所以在准备报告的时候，先问问自己想要得到什么样的结果。

例如，你可以选择使用演示：

· 向客户介绍一位新的咨询师，以便让客户接受他（所以你可能需要让这位同事在演示中处于重要位置）。

· 展示你个人的洞察力和知识储备。

· 以获得更多会议巡回演示的邀请。

因此，在一开始就值得对报告的目的进行思考。同样值得注意的是，报告还传达了许多其他信息，例如：

1. 它的外表。这份文件看起来是否重要？

2. 演示文稿制作得好吗？

3. 它的及时性。如果建议书提交晚了，这是否是咨询师在提交过程中的一个特征？

4. 内容的质量。它是否被很好地呈现和讨论了？它是否达到了较高的水平？它是否揭示了关键问题？它为客户的观点增加了价值还是仅仅只是将它们表达了出来？

这些都是报告的特点，良好地呈现出来这些特点有助于客户对咨询师的才能形成良好的印象。同样，精明的咨询师为了给客户留下更好的印象，也会小心地管理这些方面，尤其是在提出建议时，因为客户可能没有多少其他证据可以做出判断。

在理想情况下，你至少需要会见报告的预期受众之一，一个有用的技巧是，准备一份报告时，你可以在脑海中想象一些典型的听众。这有几个好处，因为它会使你：

· 考虑客户已经知道什么或者不知道什么。

·用客户熟悉的语言进行报告。

·使用正确的对待方式。

·考虑到报告的敏感性。

在确定需要报告以及报告的目的之后，你应该考虑创建演示文稿需要花费多少时间。创建演示文稿的经验法则是，从开始到结束，每10页留出一天的时间。这显然是个近似值。有些咨询师会快得多，而没有经验的咨询师可能需要更长的时间才能写出符合可接受标准的复杂报告。

同样，一个好的演示就像一座冰山——你看到的那一小块得到了你看不到的大量准备工作的支持。所以不要吝惜准备时间。一方面，几乎可以肯定的是，你需要花更多的时间在准备而不是演示上，一些咨询师使用经验法则，平均准备时间是陈述时间的3倍。如果材料易于呈现（比如，报告的内容已经写好了），或者对内容非常熟悉，那么所需的时间就会减少。另一方面，根据我的经验，对于简短的演示来说，这样的规则是行不通的，一流的10分钟演示可能需要几个小时的准备！

因此，请记住在项目计划或准备提案时要留出准备报告的时间。

组织以及结构化材料

可能你已经确定了报告的内容。例如，如果你正在演示一个提案，很可能客户此前已经收到了一份文档的副本，演示的目的是突出重点并回答问题。但是，我们将假定你是从零开始的。以下是创建报告的个人方法，它对我很有用，我希望经过一些调整后，它对你也有用。

第1步：信息收集

首先，我做了很多笔记，记录我对报告内容的想法。这些想法不仅建立在反思的基础上，而且是通过回顾相关的材料，包括早期的项目报告（关于该项目或其他类似项目）、提案（关于项目或进度报告）、工作文件等激发出来的。信息收集没有任何特定的顺序，它是一系列没有结构的笔记，有不同层次的细节，等等。

第2步：寻找大纲结构

在做了这几页（不用很多）笔记之后，下一步是设计一个大纲结构。

当然，每一份报告的结构必须适合所呈现的材料，但最重要的是，报告的结构必须符合逻辑，并帮助听众理解所呈现的内容。一个好的结构也会使你更容易创建报告。

一份报告有点儿像一个故事，且有时就将它看作故事也有助于你的思考。为此，有以下一些黄金法则：

1. 先从听众知道的东西开始，再讲述他们不知道的事情。

2. 报告应该引导听众自然地得出结论或建议。你应该想象听众在讨论时点头表示同意的场景。首先确定报告的框架，然后构建报告的其余部分，自然地引出这些建议，这是一个好主意。

3. 把相似的材料放在一起。考虑到大多数咨询项目的内容，报告往往涉及复杂的主题。通过混合所有主题，你会进一步将协议复杂化。下面两条建议可以帮助到你的听众。

   · 在你的介绍中增加讲解报告的结构和内容的几句话。

   · 在开头加入对报告的总括（即主要论点、论点趋势、主要结论和建议的概要），可以让听众一览报告的内容。我认为总括像是一份地图，借此读者可以找到搞清楚这份报告的"路"。

我发现在组织报告时参考道路地图集很有帮助。道路地图集的前面会有路线规划图：大比例尺地图可以在一页或两页内囊括一整个国家。接下来，等比例路线图可以引导你从一个城镇到另一个城镇。附录是一份非常大的城镇地图，引导你熟悉整个报告。道路地图集不需要与城镇地图的比例尺相同。同样，一份报告的附录也详细说明了某些具体方面。

在复习你所做的笔记时，要考虑材料是否符合表8-2中所建议的结构，或者另一种结构是否能更好地呈现材料。表8-1显示了不同类型报告的典型内容。然而，在所有情况下，报告都应该有符合逻辑的框架结构。

表8-1　不同类型报告的典型内容

建议书 　1. 引言 　2. 现状评价 　3. 项目的范围和目标 　4. 所用方法 　5. 所需工作方案 　6. 项目产生的预期效益 　7. 所需资源（来自客户和咨询师） 　8. 预期的时间表和成本 　9. 介绍在这个项目中使用我们作为咨询师的原因（包括以前的相关经验），业务条款可作为附录包括在内 **进度报告** 　1. 进展情况（与预测的工作方案相反） 　2. 重大成就与问题 　3. 你希望咨询客户的意见（例如有关批准或决定的事宜） 　4. 未来的计划 **项目报告** 　1. 总结 　2. 介绍 　3. 调查结果 　4. 对调查结果的讨论和评论 　5. 建议 　6. 附录

表8-2　两个可供选择的项目报告结构

分类基础	内容
按业务结构（例如：工厂地点、业务部门或功能区域）或主题	引言 主题1：调查结果、结论、建议 主题2：调查结果、结论、建议 主题3：调查结果、结论、建议 总结主要建议
按建议	建议摘要 建议1：基本原理导致 建议2：基本原理导致 建议3：基本原理导致 实施所需的所有关键步骤

第3步：准备一个更详细的结构

有时只有提纲结构就足够了，我发现这一章就是这样，但在处理报告时，你需要把材料分成不同部分。如果这些部分依然很大，那么还需要再细分它们。在大纲部分的准备过程中，无疑会产生一些设立小节的想法，或者，项目的性质可能决定结构。表8-3显示了关于多部门管理培训和发展的报告的内容：每个主要部分都与一个单独的业务部门有关，但其结构与其他部门大致相同。

项目决定报告结构的其他方式有：

1. 操作程序。迪克关于库存控制的报告可能会通过分析原材料、在制品和成品的库存来跟踪生产过程。
2. 项目工作包。例如，关于选择和安装新电话系统的建议可能包括：
   · 确定用户需求。
   · 定义选择标准。
   · 审查适当的制度和选择方法。
   · 安装。
   · 调试。

表8-3　项目报告的示例内容

执行总结
1. 引言
1.1 背景 　1.2 研究方法
2. 团队总览
3. 部门一
3.1 业务的性质 　3.2 发展和训练重点 　3.3 对新成员的选拔 　3.4 减少员工流动率 　3.5 销售培训 　3.6 管理者的选拔 　3.7 经理培训
4. 部门二
4.1 业务的性质 　4.2 发展和训练重点 　4.3 专业人员的选用 　4.4 考核商务人员的绩效 　4.5 培训管理人员
5. 部门三
5.1 业务的性质 　5.2 发展和训练重点 　5.3 使新组织有效运行 　5.4 管理发展系统
6. 对建议的总结

3. 基本概念：一份关于分红的报告可以包括关于如何计算红利、计划的运作以及如何分配红利等关键要素的章节。

如果所有这些都失败了，那就想想你的建议的结构。建议的结构需要在编写报告之前设定，不要在确定主要建议之前就开始写报告！你可能希望在自己到达那个部分的时候它们会自动出现，但报告的前一部分是读者的"神秘之旅"，只需要简单展示一下你自己的思维过程即可。因此，如果你的一份关于组织合并后的报告中存在对每个部门（营销、生产等）的建议，那么报告中的发现和结论部分可以分成处理每个部门的章节。

第4步：组织你的材料

现在你有了笔记和详细的结构。下一步是在你选择的标题下组织材料。

在这里，情节串联图板很有用。

在一份大的报告中，我给每个小节分配了半页的篇幅，并在每个标题下重写了我的笔记中的要点。在较短的文档中，我使用最初的信息收集方法，并在笔记中标上节号，这样当我看到适当的章节时，就可以想到相关的评论。

然而，我最常用的是用一张纸制作情节串联图板。我把它分成8个部分，并把材料分配至各个大标题下的内容中（如果超过8个部分，我会用更多的纸）。我发现这个技巧在准备演示时特别有用。表8-4显示了我最近给客户做进度回顾演示时所用的情节串联图板。

文字处理软件通常有一个"大纲窗口"的功能，可以让你在屏幕上整理材料。但是，无论你是用笔和纸还是用电脑，在准备报告时，标题下的材料是必不可少的，原因有二。其一，它使你能够测试结构。如果你发现很难将材料分配到不同的子部分，这可能意味着结构不太正确，是该对其进行微调的时候了。其二，你要决定报告的内容，也就是报告要传达的东西。

表8-4　情节串联图板的例子

1. 开始 "集合点"——概述项目的初始目标和主要设计特点	5. 提出一个项目结构，以支持这些目标的成就
2. 回顾到目前为止的项目——表明我们在目前为止所做的工作中是非常成功的	6. 说明我们可以提供的支持，以及可能的成本
3. 回顾一下我们对自开始以来发生在他们环境中的变化的看法	7. 结尾 总结要点，以及提出下一步计划
4. 列出我们认为需要追求的新优先事项	

这时，暂停下来想一想：

你认真考虑过报告的内容了吗？

报告编写出现问题主要是由于缺乏清晰的思路。例如，对于一个项目报告来说：

· 报告是否符合委托条款（你应参阅原建议书）？

· 你是否发现并解决了真正重要的相关问题（委托条款内可能只会涵盖部分范围）？

· 你的建议合理吗？这些建议是否遵循你对形势的评估？它们有意义吗（问问你的同事）？优先级是否平衡？它们是否可行？对于一家企业来说可能是合理的，而在另一家企业中可能是不可行的。

不要忘记这些自我反省的要点，在这里投入一点儿时间就可以节省以后很多的时间。然而，这一点往往只有当事人在经历过惨痛的失败之后才会承认。

第5步：决定报告内容

最后一个阶段是决定哪些内容应该写入报告、哪些内容不应该写入报告。有的人会对报告和记录产生混淆，我以前的一位同事没有做区分，结果他的报告是散乱的，充满了无关的细节。如果他把报告作为一种传递选定信息的手段，而不是一份完整的记录，这份报告就会变得好得多（如果他想要记录细节，这些可以只记录在报告的附录中）。

无法写在纸上的材料一定不能放入书面文件中，其中就包括对个人的批评。请记住，几乎可以肯定的是，在客户组织中，除了预期的收件人之外，其他人也都可以访问你的报告。

同样重要的是，该报告的细节具有同质性。在一份关于企业战略的报告中处理细节与在食堂菜单中是不一致的（反之亦然）。同样，你为之写作的读者，在对假定的知识和主题的理解水平方面应该是一致的。

在书面文件中，附录是处理细节的有用方法。在决定材料是否应该在报告正文或附录中时，要考虑：读者是需要先研究这些信息，还是可以暂时信任它们？如果它们可以留下，那么它们就是附录的材料。例如，可以在正文中附上统计表，以支持主要结论，并在附录中转载全部数据。另外，不要把提供支持的所有信息都强加于附录，要是人们需要不断地从文档正文转向附录中的表，他们会觉得恼火。

在这一步结束时，你应该已经完成了报告的准备工作，决定了它的主要部分和细分部分，以及你将在每个部分提出的要点。

似乎上述的准备工作是艰苦的，也许是这样，但是这样做并不会浪费时间，而且可以在以后节省很多时间。简短的报告，甚至是重要的报告，都可以在一个小时左右的时间内完成，我发现很少需要超过一天的时间去完成报告。与实际写报告相比，它是简短的，因为写作不仅需要考虑说什么，还需要考虑如何说。决定如何很好地表达一个特定的观点可能会花费一定的时间，而且如果这个观点不值得在报告中出现的话，也是浪费时间。

在准备阶段完成后，没有经验的咨询师（有些有经验的也会如此）可以和同事讨论报告的结构和内容。

接下来是耗时的部分——用文字表达你的想法。

书面报告

在准备阶段（组织材料且使材料结构化）完成时，你应该决定自己想表达的是什么，以及要以什么顺序去写。在本部分中，我们考虑的是书面报告。这不是一本关于写作风格或语法的书，但是有一些要点需要咨询师在进行书面表达时考虑一二。

是否使用咨询式的写作风格？

没有经验的咨询师有时会认为，作为一名咨询师，他们在写作时应该使用一种特定的表达风格。我曾经遇到过一些包含特定措辞的报告，因为作者认为它很有说服力。但规则是，写作是为了表达，而不是为了给人留下深刻印象。

如果说有一种咨询式的写作风格，那就是清晰简洁。咨询师与客户沟通的任务是把该说的说清楚，而不是模棱两可。

与所有的交流一样，写作必须与受众相协调，这并不意味着报告必须以客户喜好的方式编写，但如果要达到目的，它必须是客户可理解的。因此，弄清要读它的人，是很有用的。

举例来说，为了适用于不同的读者，表8-5描述了同一报告的不同节标题。前者或许更适合于一个传统的组织；后者可能会吸引更激进的客户。

措辞和表达

措辞和表达是用来强化信息的，直言不讳并不总是对的。我甚至遇到过一个客户，他说："我们认为我们在这方面的表现令人满意，并不需要你告知我们，也不希望看到一份记录我们失败的报告。我们相信你的判断，只需要你的推荐。"

表8-5　备选标题

绩效考核制度的可行性研究	绩效考核：管理优先事项
1.引言	1. 业绩管理不良的历史
2.研究的调查结果 2.1 绩效考核的必要性 2.2 正式评价制度的可接受性 2.3 系统的设计	2. 高管们的想法 2.1 我们需要更好地管理员工 2.2 我们不喜欢考核，但需要这么做 2.3 使用评价来接收薪水和发展的建议
3.建议 3.1 新系统的设计 3.2 实施计划	3. 计划 3.1 引入新的考核制度 3.2 立马去做

一方面，在谈到客户的不足之处时，我总是试图使用一些微妙的措辞——这是将"半瓶酒"视为"满瓶酒"的技巧的一部分（尽管有一位愤世嫉俗的人评论说，咨询师永远不该这么说，但他得出的结论是，这个瓶子是它应有的两倍大）。因此，与其说是"缺点"，不如说是"有改进的空间"。也许是含糊其词，但这些话传达的意思是一样的，不会让客户觉得丢脸。

另一方面，也有一些客户在被告知自己的不足之处时，会有一种被人指正的喜悦。

语言

你必须好好斟酌写作中所用的语言。短句比长句更可取，如果它们的作用一致，那就使用对你来说最容易的语言。先以一种你觉得舒服的方式把要点写在纸上，然后再检查语言是否清晰简单，而不是拘泥于一种艰深晦涩的写作风格。多多实践应该有助于提升你的写作能力。

表8-6给出了一个著名的公式来确定写作中所谓的"模糊因子"（fog factor）。

这个概念是，每句话平均使用的词语越多，使用的词语越晦涩，人们理解这些内容就越困难。

表8-6　模糊因子

"模糊因子"是一个用来评估写作方式复杂性的经验公式： $$Y=0.4 \times (W+X)$$ 公式中： Y=理解写作所需要的全日制教育年限 W=一个句子中的平均词汇量 X=一个句子的平均字数

每个行业或专业都有自己的"语言"来描述它的专业事项，专业术语（我是在这个特殊意义上使用这个词的）对那些业内的人是有帮助的，但对局外人来说可能是难以理解的。必须用外行能理解的语言来表达每件事是很费力的。试想一下，如果医院的医生不使用他们所学到的专业术语，他们会发现讨论一件事变得很困难。因此，我不认为使用专业术语是一件坏事。

事实上，对于咨询师来说，熟悉一个商业领域的标志之一就是学会了该领域的专业术语，且可以对客户使用这些术语。当术语不适用于客户的业务时，尤其是当它被用作试图给客户留下深刻印象的烟幕弹时，就不应当使用它。幸运的是，大多数客户都会头脑清醒地喊一声："不对！"在这种情况下，咨询师应该吸取教训。

最后，在语言组织上，主动语态和被动语态中动词的使用会有不同，差异如下所示：

·主动语态："我们进行了一项调查"。
·被动语态："一项调查由我们进行"。

受过科学教育的人在汇报他们的实验时会受到被动语态的强烈影响（"一个试管被拿走了……"），但连续使用被动语态会使阅读变得枯燥。表8-7展示了分别用被动语态和主动语态写的同一段话。

表8-7　主动和被动语态

被动语态："首先，一项调查被进行了。受访者被要求完成一份问卷。该产品的主要特征被列在问卷中，并必须由受访者按吸引力排序。设计和颜色被认为是最重要的。" 主动语态："首先，我们进行了一项调查，要求受访者完成一份问卷。我们要求他们将问卷中列出的产品的主要特征按吸引力排序。受访者认为设计和颜色最重要。"

被动语态的一个特点是它不由人做主语——"一项调查被进行了"，我们不需要说调查是由谁进行的。相反，主动语态是由人做主语的，我们需要说明是谁进行了调查。

主动语态通常会使用"我们"做主语，即使只有一个人参与这项工作。有时问题在于，使用了过多的"我们"——我们这个、我们那个，等等。所以，最理想的状态是在主动语态和被动语态中找到一个平衡。

插图的使用

虽然是陈词滥调，但一图胜千言。如何在报告中阐明你的观点是值得思考的。有很多方法可以做到这一点，但请记住，插图是为了帮助而不是阻碍理解。后者最常见的原因是提供了太多的信息或不相关的数据。关键问题是："这是否简单明了地说明了我的观点？"

插图通常被用来表达定性的观点，展示趋势、相对大小或关系，因此不需要很高的精确度。我最讨厌的一件事是使用数字时精确到多位小数，这几乎没有必要，而更令人发指的是，从那些本身不那么准确的数据中得出特别"精确"的数据。

修改

写完报告后，要通读一遍，不仅仅是检查语病和错别字，退一步审视自己的作品也是明智的，修改时也应该删除冗词并简化措辞。

总之，确保报告中简明扼要地表达了你想要表达的意思。

制作报告

作为咨询师入职培训课程的一部分，我曾经进行过一个商业评估案例研究，这需要咨询师为一个假设的项目准备项目计划。毫无疑问，他们总是忘记在计划中计入制作最终项目报告的时间。

请记住，在撰写最终报告和交付报告给客户之间有几个阶段：

· 写入电脑（如果还没有电子版本）。

· 校对和订正。

· 质量保证。

· 修改和批准。

· 准备最终版本。

· 打印和装订（如果以纸质版本交付）。

因此，关于制作报告的第一个重要教训是，认识到这件事需要时间，并且应该为其预留足够的时间。

上面的阶段中包括质量保证，这一点至关重要，至少在报告的实际制作中是这样。因此，让同事通读一遍报告以找出错别字和病句是值得的。与某个特定问题关系密切的咨询师很容易落入这样的陷阱：相信别人会和他们一样看待问题。其后果可能是报告中的某些段落，往好了说是模棱两可的，往坏了说是难以理解的。一个对你所写内容有一定了解的同事应该能够指出这些问题。如果你是一个个体从业者，可行的话，质量保证这件事还是值得找个人帮忙的，可以找你的伴侣或者专业的同行。

在大公司里，质量保证可能不止于此，他们会检查报告的结构、内容和陈述方式。如果是这样的话，在动笔之前就开始质量保证过程是明智的——在撰写报告之前，原则上要就报告的结构和内容达成一致。在早期阶段进行修改要比试图重新铸造"成品"容易得多，也更省时。

最后，还有文件本身的演示问题。因制作项目报告花费相当多的费用是合理的，因为项目报告可能是咨询师所做工作的唯一切实证据。

大型咨询项目可能会规定一种报告格式——字体、段落编号、报告封面，等等，这些都是标准的。小公司或个体从业者也可能有一种标准风格。在任何情况下，我都建议你注重项目报告制作的下列优先事项。

1. 报告的内容。不管报告有多漂亮，如果内容明显很差，那么仍然是失败的。
2. 报告的编辑。你应该将其校对好，让其没有文字或格式错误。
3. 你不应当迟交报告。交付报告是对咨询师实际绩效的清楚显现，迟交对你十分不利。
4. 包装和展示。好看的字体、高质量的纸张（不是很明显的复印件）、装订牢固、封面吸引人，会有很大帮助。

关于报告草稿的说明

提交给客户的所有书面材料必须具有令人满意的质量，不可敷衍了事。

新咨询师常犯的一个错误是对于提交给客户所谓的报告"草稿"，期望客户允许他们对其进行修改和升级，然后才会发布最终版本。但是，如果客户接受了草稿，那么咨询师交付的产品就是不合格的。报告标题中使用"草稿"二字是为了让客户有机会提出意见，例如，提出更具说服力的建议。但从咨询师的专业程度来说，提交的报告应该是一个成品。

演讲展示

我见到过的最好的演讲之一是在咨询师培训课程中。每个人必须就自己选择的主题做5分钟的陈述。杰拉尔德的演讲和非洲非殖民化后的经济周期有关——这在当时是一个难以想象的大课题。他用散布在房间各处的杂乱的纸来阐明他的演讲，其间他持续不断地表达，阐述的信息来自政治立场略右倾的《每日电讯报》。尽管他的演讲明显违反了演讲规则，但还是很有说服力，这一点我在多年后仍记忆犹新。

为什么他的演讲让我印象深刻呢？尽管这场演讲违反了演讲的规则，但很有风格，信息丰富，语言幽默。这场演讲吸引了我们的兴趣，令人难忘。因此，尽管它明显违反了规则，还是达到了演示的主要目标。

因此，在本书的所有主题中，演讲展示的规则最不应该被当作教条来信奉。艺术的一部分是娱乐和舞台管理，目的是吸引和维持听众一段时间的兴趣，并给他们留下一个良好的印象。和娱乐一样，在演讲中也有相当大的变通空间，强迫人们采用错误的演讲风格是不对的。我记得我曾说服一个人在演讲中使用非常保守的幻灯片。下一次我看到他演讲时，他使用了高度程式化的幻灯片：不仅幻灯片更好，而且还融入了他的演讲风格，让人印象深刻得多。

所以，请只把这一部分当作入门。它不会教你如何做出色的演示，但可以提供指导，帮助你做出令人满意的演示，并避免更危险的陷阱。随着信心和经验的增长，你慢慢能够决定哪些技巧在演示中最有帮助、哪些技巧可以被忽略。

演示与书面报告

演示和书面报告的主要区别在于听众吸收这两种形式所呈现内容的能力不同。哈罗德·麦克米伦对他在下议院首次演讲得到的回应感到失望，因为他在向一位同僚发表评论时囊括了14个要点。但随后他被告知，任何优秀的议会演讲，如果想要产生一定影响，就只能有一个要点。

作为咨询师，遵循这一格言是困难的，但有一项基本原则，一般来说，听众吸收口头提出的资料比书面的资料更困难；同样，大多数人对所见的记忆比他们听到的要好得多。

第10章涉及设计培训课程和举办研讨会。之所以将这些作为一种特殊的演示形式进行区分，是因为与其他类型的演示相比，演示者通常在决定结构、时间等方面拥有更大的自由，并且可以根据自己的优势控制这些内容。

对管理咨询师来说，演示的重要性在于演示对他们的业务成功有多大帮助。在这种情况下，最重要的演示是项目开始时的销售演示和项目结束时的总结演示。

在这两种情况下，目标都是让客户接受咨询师的建议：聘请咨询师继续项目（在销售演示中）或继续下一阶段的工作（在总结演示中）。

在项目进行过程中，可能还需要进行演示，以向客户传播信息、报告进度等。客户不仅会受到咨询师论点有效性的影响，还会受到其陈述质量的影响。因此，咨询师在职业生涯早期阶段学习如何做好演示是至关重要的。怎样做才是好的演示呢？

图8-4列出了演示者最初需要问的问题。

详细计划书

详细计划书中有三个要素：目的（你已经准备处理的事情）、格式、制约因素。

格式

格式与事件的类型、形式有关。

首先要了解事件的性质。正式的场合往往会有许多听众。向250名代表做的会议演示必须与向3名董事做的董事会演示不同。听众的规模决定了你与每个人互动的性质和程度，例如简单的眼神交流。与某位听众有眼神接触是件好事，但面对250名听众，你所能做的就是用目光扫视他们。

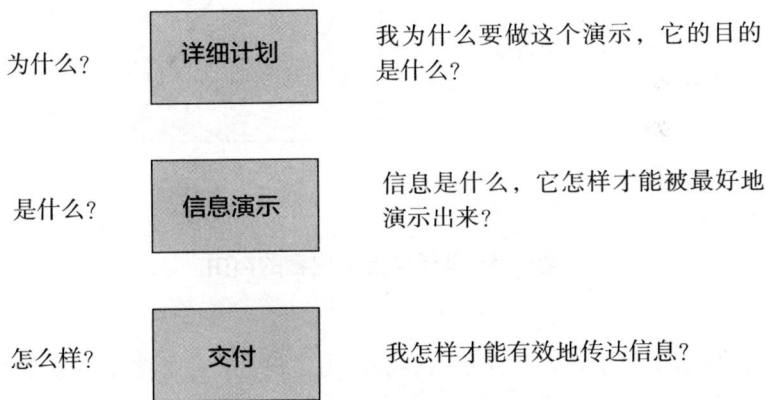

为什么?	详细计划	我为什么要做这个演示，它的目的是什么?
是什么?	信息演示	信息是什么，它怎样才能被最好地演示出来?
怎么样?	交付	我怎样才能有效地传达信息?

图8-4　一些演示者最初要问的问题

听众越多，大多数人在提问或发表观点时就会越拘谨。尽管作为演示者你有更大的控制力，但双向交流的信息量将非常有限。因此，听众的规模将决定演示的形式。

有一系列不同类型的演示活动，包括社交活动和工作活动，如图8-5所示。

以演示者为导向

· 餐后演讲
· 讲座
· 正式演示
· 非正式演示
· 研讨会上的讨论
· 日常对话
· 演示后的提问
· "提问"式小组讨论
· 访谈

以听众为导向

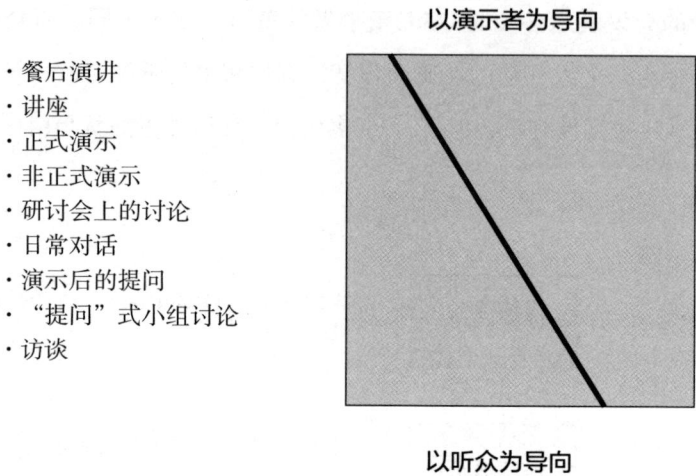

图8-5　演示者定义内容的自由

这显示了演示者定义演示内容的能力。例如，一个餐后演讲的演示者通常会被提问，但他大致可以准确地预料到听众要说什么。而如果你被一个记者采访，你可能对将要被问到的问题有一个大致的想法，但无法控制细节。

图中也能看出在不同场合大家期望你不间断说话的时间所占的比例，以及你对内容的控制程度。

在由演示者引导的活动中，演示者有责任让事件继续下去；以听众为导向的演示则更多的是服务于听众，例如在小组讨论中，演示者必须回答听众的问题。

越靠近极端情况下工作是越困难的，一场讲座可能需要为过程做细致而广泛的准备，同样地，回答问题时要求你能够非常迅速地将想法按顺序排列，并能够立即很好地表达它们。

图8-5中间部分的形式是最简单的，我们都有过日常的对话，所以

如果你能控制演示的形式，那么把演示的形式尽量往图8-5中间部分所代表的方式靠拢是十分值得的，因为这样会更易于操作。许多演示者会本能地这么做，比如说，相比于讲座，管理培训师可能会更倾向于选择一个参与式的讨论，比如"招聘面试的技巧"。

制约因素

做演示很少有完全的自由，所以在开始准备演示之前，有必要考虑一下制约因素以及如何在制约条件下有效地工作。制约因素的不同类型如图8-6所示。

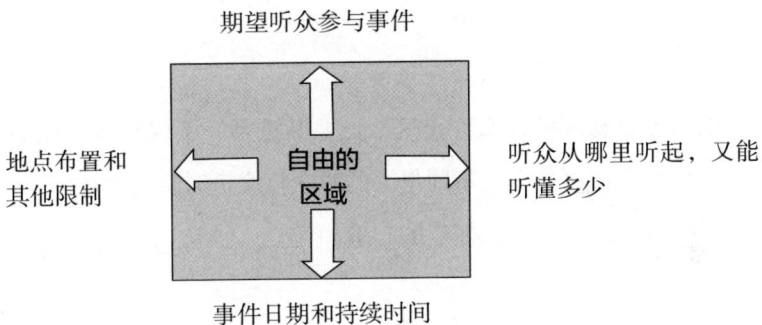

图8-6　演示的制约因素

期望

咨询师的演示通常取决于目标受众（通常是客户）的期望。有时期望的一部分可能是后勤方面的，例如，演示将于什么时候开始、持续多长时间、需要什么支持材料；有时期望的是演示自身——其目的、内容、形式，等等。

当然，有些演示者会故意不满足听众的期望来吸引他们的注意力。与后勤方面的预期相悖可能是不明智的（没有必要在错误的日期到达演讲地点，或者用三个小时演示只需要半个小时就能说完的内容），但在演示内容和交付方面，你可能有更大的自由度。即便如此，咨询师的自由还是比其他人少（有一次，我听到一位上议院议员在餐后发言，他讲述了一段有趣的上议院生活。6个月后，我再次听到他的演讲，他受邀讨论英国政府对某一特定商业领域的态度。他做了和以前一样的演讲，受到了同样的好评）。

听众

前文已经提到过，思考演示的内容时，在脑海中形成一幅听众的典型画像是很有用的。你需要考虑的事情有：

- 他们已经知道了什么？
- 他们更容易理解什么？（这一点尤其重要，不仅要考虑他们的受教育程度，而且在与不同母语的听众打交道时也是如此。）
- 当听众进入房间时，他们的心境如何？

这些问题的答案将帮助你决定应该从哪里开始、可以讲多快，以及进行演示的风格。

事件日期和持续时间

奇怪的是，午餐或晚餐时间被认为是演示的合适时间，但正式的演示者却应避免这么做。这或许是因为在视听设备的辅助下，一般的餐时演示者还不及优秀的餐后演示者一半有趣。

有时，在不寻常的时间点安排演示可能会引起听众的兴趣。早餐会议并不少见，但我有一次被邀请在午夜做演示，听众是一组夜班工人。

如果你想限制花在讨论上的时间（在讨论可能会扩展到占用可用

时间的情况下），你可以把演示安排在午饭前或当天工作结束前的工作时间。

一个常见的问题是：如果在与其他公司竞争的情况下为新工作招标演示建议书，先发言还是后发言？一位经验丰富（也很成功）的咨询师给我的建议是："不要做第一个。把目标放在最后，但要避免在一天快要结束的时候发言。"

我自己的观点是，这两种都有利弊。一方面，先发言，演示者能抓住听众还没分散的注意力，能对他们产生很大的影响。另一方面，作为最后一场演示，它意味着听众对要回答的问题有一个清晰的答案，而这些答案他们可能没有告诉第一个演示者。然而，其他因素，如提案的质量、陈述方式以及咨询师与潜在客户之间的融洽关系，可能会比演示时间对结果产生更大的影响。

理想情况下，你应该有足够的时间来做陈述（且你应该告诉客户你可能需要的时间），但是通常你必须在一个给定的时间表内进行。例如，如果某一特定项目的竞标报告每隔90分钟进行一次，那么你就需要在这个时间限制内做完。如果没有给出时间表，那就需要提前打个电话了解一下预期的情况。比如说，你要向董事会做报告，他们很可能会明确需要为你的报告预留多少时间。如果没有提出时间限制，你就得按照自己的时间表工作。我的经验是，对未来工作的提案的陈述通常会持续1~2个小时，但如果只是为了与运营团队见面，时间可能会短得多。进度回顾演示的持续时间可能有很大的不同，项目结束时提出的建议也可能不同。在后一种情况下，演示的时间长度必须由你想要表达的内容决定。

留出提问、讨论以及休息的时间，如果演示者长时间不给听众休息的时间，听众就会失去兴趣，所以在你的演示中穿插一些与听众的互动是打破僵局的好方法。

有些客户需要一段时间来筹措会议。去客户的办公室，等上15分钟，同时把听众召集起来，这并不罕见。这确实有它的优点，它给了你一个熟悉场地的机会，让你在做演示的环境中放松下来，整理好笔记、视觉辅助工具等；也可以让你在听众到来时，被客户介绍给他们。因此，虽然听众的迟到可能会令人恼火，但比起走进一间陌生的房间，面对一群充满期待和不认识的面孔，不得不一头扎进一场演示来说，听众晚到还是有好处的。

地点布置和其他限制

你很少会发现自己处于理想的状态。在会议上发言时，如果运气好的话，会有很好的设备，但当你在客户的办公场所演示时，很可能会是办公室或会议室。你必须充分利用它。在安排人们坐的位置方面可能没有什么灵活性，而且视觉辅助设备的使用范围可能有限。

每个咨询师都经历过视觉辅助设备带来灾难的恐怖故事，几乎每个人都因为放映机故障且没有备用机而吃了苦头。我就经历过这样的事，那是多年前的一个场合，当时我们正在投标一个特定的项目，准备了一些幻灯片（而且花费巨大），以便在短时间内演示我们的内容。我们得到保证，酒店内有可供演示的投影仪。不过，为了保险起见，我们决定带一台自己的投影仪。当坐上满载着公文包和投影仪的出租车后，我们在最后一刻决定放下投影仪。不用说，我们的承诺没有被实现，因此展示受到了影响。所以对于媒介方面的事，记住墨菲定律——如果事情有变坏的可能，它总会发生。

结构设计

本章前面已经给出了一些关于报告内容的一般性指导，但是在陈述时还需要考虑一些其他因素。

一个好的报告结构对于一个好的演示是至关重要的。考虑到口头交流相对于视觉交流的困难，好的结构比书面文件更重要。这就像在讲一个故事，而故事结构之所以如此重要，是因为它不像一篇报告那样，读者可以回头去检查某个点，或者重新阅读他们之前觉得难以理解的东西，而一篇演示文稿是"实时的"，一旦听众不理解你，他们就失去了对你的兴趣。因此，重要的是要从他们所知道或可以合理预期的知识开始，并在此基础上发展。

　　有句老话说，"告诉他们你要说什么并说出来，然后告诉他们你说了什么"。如果使用得当，这个建议有些可取之处。演示应该看起来自然而不是准备过度，过分强调技术结构有损专业性。

　　　　我以前的一个同事就有过这样的经历，他的报告完美无缺，但是枯燥乏味。他精心设计和准备了，但它们是乏味的。一方面，他的演示抹去了自己的个性烙印，因此毫无生气。可另一方面，有些艺人甚至能把伦敦的电话号码簿背诵得令人兴奋。

　　尽管我对此有些保留意见，但这句格言确实提醒我们，演示要分清开头、中间和结尾。下面我将集中讨论这些内容。

开头

　　在演示开始时，有必要提一下接下来要讲的内容。我经常使用幻灯片来展示演示的结构，例如所涵盖的主题。

　　在演示的主题之间重述一下你要讲的内容，这对听众有时是有帮助的，所以你可以在各部分之间再次播放这张幻灯片。

　　开头的另一个主要功能是把每个人带到相同的起点。如何做到这一点取决于听众和演示的目的。例如，如果你正在向一个经常见到的客户报告进展，介绍的性质就不同于向一群陌生人做销售演示。

你的介绍应该为听众明确基本规则。你希望他们参与、打断、问问题还是除非允许说话不然就保持沉默，还是其他什么，你可以通过解释你希望如何处理听众的提问来解决这些。

你可以选择的时机有：

·随着演示的深入。
·在每个小节的结尾。
·在整个演示的结尾。

你选择哪一个取决于环境。例如，如果存在这样一种风险，即问题涉及你接下来要讲的材料，那么明智的做法可能是推迟回答它们。你在演示时允许听众提问有助于听众更好地理解，但也有被打断节奏的风险，这会严重影响时间管理，因为很难在允许的时间内回答完问题。

在演示开始的时候，群体动态也会发生很多变化，下面"开始和结束"一部分中会涉及这些变化。

中间

演示的中间部分是它的核心。这里的结构既适用于内容的选择，也适用于内容的顺序。

组织演示的最佳方式是将其作为一个故事。

小说家在介绍重要人物时，总会在某个阶段进行解释（或至少让读者能够推断出），说明他们是谁，以及他们之间的相关性。如果在侦探小说的最后一页，罪犯是一个之前没有提到过的人物，那么这部侦探小说的作者就会受到读者的冷遇。同样的原则也适用于演示：听众不仅要理解你在说什么，还要理解你为什么要说，以及他们应该如何理解。

会议演示常常类似于演示，演示者通常希望有一个能连续进行，而不是一个会被不时打断和暂停的演示。演示必须符合逻辑。在许多方面，会议演示的要求比其他演示更需要你在意：如果你不了解听众，他们可能有不同的兴趣、知识和能力，你也不太可能得到关于你演示的高质量的反馈，他们可能不太容易提出问题。

结尾

演示的结尾通常用来重述演示内容，特别是内容要点。演示的最后部分比中间部分更有影响力（有时熟练的演示者会用"最后……"这样的短语来暗示演示即将结束，以此来吸引听众的注意力）。如果在演示过程中出现了一些讨论，一个熟练的演示者可能会在结论中加入一些相关的观点。

不要忽视演示的结尾。整个展示可以被认为是一段管弦乐，存在开头、中间和结尾。管弦乐作品不会平淡结束，它有一个清晰而深思熟虑的结尾。它甚至可能会有一个盛大的结局！

准备视觉辅助工具

可能你已经注意到，我们已经假设在演示中使用了视觉辅助工具。研究表明，如果你使用视觉辅助工具和听觉辅助工具与人们进行交流，人们会理解得更好。

但是有一件至关重要的事情要记住，视觉辅助工具只是辅助。大多数时候使用的视觉辅助工具是投影仪，这些工具缺乏可视性，听众无法阅读屏幕上的内容，以及太多的信息被压缩在一张幻灯片上。确保幻灯片上的标题是有意义的，就像报纸标题一样。理想情况下，如果听众只阅读幻灯片上的标题，就能够理解你的叙述。

更糟糕的是对视觉辅助工具的糟糕使用，不要只是呈现演示者的笔记。记住，视觉辅助工具是用来支持和阐明演示者所说的话的。

说到这里，如果演示是按照完全合乎逻辑的顺序准备的，那就太好了；然而，在实践中，这个过程是反复的，如图8-7所示。

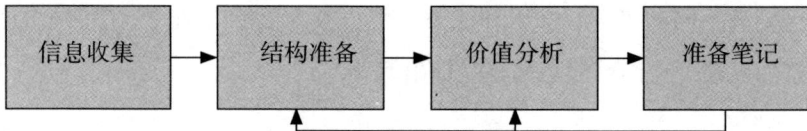

```
┌──────────┐     ┌──────────┐     ┌──────────┐     ┌──────────┐
│  信息收集  │ ──▶ │  结构准备  │ ──▶ │  价值分析  │ ──▶ │  准备笔记  │
└──────────┘     └──────────┘     └──────────┘     └──────────┘
                      ▲                ▲                 │
                      └────────────────┴─────────────────┘
```

图8-7 准备过程

这表明，在准备过程中，可能会出现影响早期阶段的其他信息。事实上，对于重复的演示（如在培训课程中），在几次演示之后会有进一步的改进，并且在之后会有持续的微调。

在理论上，你应该决定自己想说什么，然后决定哪些部分需要说明。有些人甚至会准备像这样的演示，但现实情况是，咨询师们在时间压力下工作，不得不走一些捷径。

其中一种方法是首先根据情节串联图板准备可视化辅助工具，并将它们用作框架。实际上，这是一个很好的实践，以确保你使用演示文稿软件准备的幻灯片的标题说明了演示的内容，而不是简单地为每张幻灯片命名。

你可以使用演示文稿的打印版本作为演示者笔记的基础，用你希望对每个人的评论进行注释。但是，不要做相反的事情，把你的笔记复制成演示文稿，因为它唯一能帮助到的人只有你！

准备说的内容

演示者的练习方式多种多样，从根本不用笔记到使用完整的脚本。你的选择取决于环境和你自己的个人喜好。

影响选择的情况有：

- 场合的正式性。例如，你做的演示很可能会被录音或广泛引用，你可能更喜欢使用脚本或详细的笔记。但是，除非非常熟练，完整的脚本意味着以牺牲自发性为代价获得精确性。这种交换很少是值得的。咨询师经常使用简短的标题作为提示，很少需要详细的说明或（在客户演示中）根本不用笔记。

- 与视觉辅助工具合作完成。如果视觉辅助工具的控制不由演示者掌握，就可能有必要研究如何提示控制者，这可以通过使用脚本更好地完成。

- 环境。在幻灯片投影的时代，我曾经需要在很短的时间内做准备，进行一次内部演示来代替我的一位同事。我没有做好在黑暗的教室里播放幻灯片的准备，结果是我看不清我的笔记，不得不凭记忆做演示。

个人偏好取决于：

- 对材料的熟悉度。你可能会不止一次就某个特定的话题做演示，尽管背景可能会有所不同，但随着你对材料的熟悉程度加深，在以后的场合就不需要那么多的笔记了。

- 你做演示的经验和自信。经验不足或不够自信的演示者可能更喜欢更广泛的笔记。然而，有一句忠告：口语和书面语是不一样的，好的书面表达在口语中听起来也不那么令人信服。

- 你的流利度。有些人的演示技巧非常好，而有些人则需要更多的提示。有些演示需要你有一定的表演能力，并安排出完整的剧本。

幽默的使用

除非你是一个喜剧演员，否则没有必要通过讲笑话来娱乐听众。然而，幽默与讲笑话大不相同，体现着为人处世的人生智慧。

一个很好的规则是，如果你想不出一些幽默的话，那就不要说。在展示自我时，听众很快就能意识到有人展现出的并不真实。所以，如果你天生就能讲个好笑话，那么你可以在演示中使用这一点；如果你不是一个天生的幽默大师，它就会像一根疼痛的拇指一样突出，听众会因为不得不回应一个讲得不好的笑话而感到尴尬（当这种事情发生的时候，我们所有人都是听众的一部分，所以我们知道这会有多尴尬）。

幽默的主题需要仔细选择。演示者有吸引听众的特权。拙劣的幽默滥用了这一特权，并引起人们的反应："为什么我们要浪费时间来听这些呢？"因此，幽默最多应该是对演示的一种补充，而不是演示内容的主要部分。

开始和结束

演示的开始和结束具有与内容无关的特性。

开始是最重要的，这是听众对演示者形成印象的时候，这将影响他们对演示内容的接受程度。因此，有一个高质量的开始是很重要的。

首先要考虑的是你的外表——你的穿着和打扮。这就像求职面试一样，你试图给对方留下良好的第一印象。作为一名咨询师，你需要看起来聪明、有条理。你应该穿什么是一个有争议的问题：像你的客户那样穿并不总是一个好主意，因为他们不希望你看起来像他们，他们希望你看起来像个咨询师。

其次，要记住听众是在评估你，所以可能在演示开始时没有像结束时那样对你投入那么多的注意力。因此，以较慢的速度开始是值得的，且要随着演示的进程加快速度。在演示开始时，推迟进入正题也是有意义的，最好把注意力集中在如何让听众放松和引起他们的兴趣上。许多咨询师会在演示开始时讲一个相关的轶事或故事。

有些主持人的做法却完全不能让听众放松。我参加了一个会议，会上一位著名的王室法律顾问兼国会议员以一种咄咄逼人的方式向代表们提问。他的问题类似于交叉盘问，回答得好就会得到一份下议院的钥匙圈作为奖励。他吸引了每个人的注意力，这是有益且有趣的，但形容他的会议放松却不对！

结束语很重要，因为它会给听众留下最后的印象。这不必是演示的高潮，但缺乏经验的演示者最常遇见的困难（尤其是在会议上）是时间不够了。这会给人一种草率或欠考虑的印象。因此，在演示过程中调整好自己的节奏——你应该掌握好时间的分配（在非正式的演示中，如果问题被打断或打乱了你自己的时间安排，那么保持节奏就会变得非常困难）。

为此，在准备演示者的笔记时，将材料分为以下几部分是很有用的：

1. 必须囊括的：对论点至关重要的。
2. 需要囊括的：重要的支持材料。
3. 可以囊括的：有用但没有也无害的内容（例如，幽默内容或轶事）。

如果你快没时间了，可以把精力集中在"必须囊括的"事情上。

排练

在理论上，所有的演示都应该排练；在实践中，时间对咨询师来说有可衡量的成本，因此排练的实际机会往往是有限的。图8-8给出了一个决定是否排练的经验法则。

有不同程度的排练，最全面的是彩排时的演示，因为它是"当天完成的"。对于没有经验的演示者来说，彩排至关重要，在演示者没有经验的情况下，彩排是非常可取的。

然而，有经验的演示者可能不太需要排练，但在重要场合，"预演"是有用的。这可以检查舞台管理，在团队演示时尤其有用。在预演过程中，你可以就如何处理问题与管理人员达成一致，例如确保视觉辅助工具可以使用，也就是说，要确保细节不会出错。

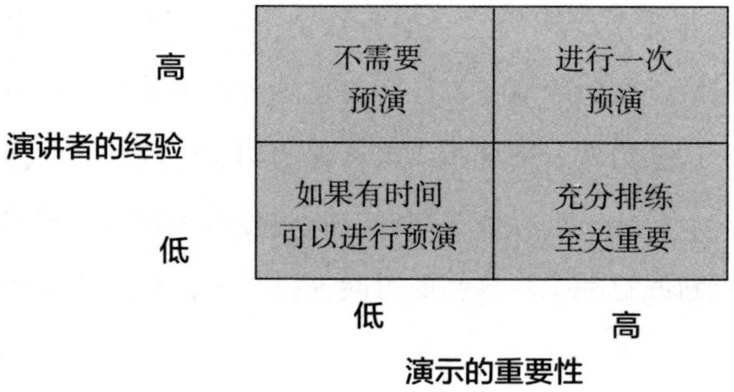

图8-8　决定是否彩排

在彩排时你需要检查：

· 时间。不仅是整个演示的持续时间，还有各部分之间的平衡。记住，演示的时间几乎总是比排练的时间长。
· 视觉辅助工具。是可用、有用且可被看到的。
· 连续性。如果是团队演示的话，你和同事的报告之间应该有连续性。

排练时最好有听众在场。听众的反应具有一定程度的真实性，而且他们通常可以在事后提出有益的改进建议。

178

交付报告

你已经准备好了要说的话，并进行了排练。重要的日子（或者，对于咨询师来说，更有可能就是当天）已经到来：现在需要做什么？

不管你喜不喜欢，演示都是一种表演形式，这一天你必须考虑到舞台管理和表演技巧。

舞台管理

舞台管理只有在出现问题时才会让人想起。在剧院里，除非幕布无法升起、灯光熄灭或类似的灾难发生，否则舞台管理不会引起注意。这同样适用于演示：咨询师们讲述的"恐怖故事"几乎无一例外地涉及一些舞台管理的失败。如果投影仪坏了或者你迟到了，类似的恐怖气氛就可见一斑了。下面是一份清单，包括了演示之前和当天的舞台管理要点。

演示之前：

· 确保你知道演示的地点、开始时间和时长。
· 确保你所需要的任何设备（投影仪等）都是由客户提供的。使用投影仪时，也要记住你需要一个屏幕（客户的工作人员并不总能记住）。如果你带着自己的设备，需要确保不带延长电缆，投影仪上的线也能通电。如果是在其他国家，请确保有合适的插头和插座。
· 预估有多少人要来，这将影响所需讲义的数量（如果你需要使用它们）以及演示的形式。

演示当天：

1. 早点儿到。这样就有时间组织语言以及查看厕所。

2. 试着在听众到达之前到达演示地点（并非总是可能，尤其是在会议上）。如果需要的话，这可以给你一个重新安排座位的机会（例如，让每个人都能清楚地看到屏幕）。

3. 检查所有设备是否正常工作。如果需要展示活动图表，检查展台上是否有干净的纸（我知道有些地方可能会给你一个只有两张干净的纸的便签本）和可以用的记号笔（演示课导师最喜欢的一个技巧是把笔帽紧紧地贴在活动挂图上，这样笔就不会掉下来）。

4. 确保你的演示笔记是按照正确的顺序准备的。如果你使用的是提示卡，那么要确保它们以某种方式系在一起，或者至少给它们编号。如果没有，那丢了可就有相当大的麻烦了。

表演技巧

几年前，我遇到一位声音单调的咨询师。他知道自己的声音很单调，但这是他说话的方式，他对此无能为力。他的演示诙谐有趣，但声音仍然是一个明显的劣势。

当你成为一名咨询师时，你的音色和口音可能已经定型，此外，试图改变它们的行为是非常明显的，这对你不利。因此，本部分将讲述一系列交付中的简单规则。它们不会使你成为一个优秀的演示者，但可以帮助你避免最常见的陷阱。

· 以能被别人听到的音量说话。这有时需要你提高嗓音，你可以询问听众是否能听见你说话。

· 说得自然。演示时使用你觉得舒服的语气和语言就好。对大多数人来说，可以放慢说话的速度。

· 看着听众——眼神不超过他们的头顶。你可能在试图传达一个愿景，但不要假装它在听众身后。眼神交流能让人有归属感；看着听众也能让你观察到他们的反应。让你的目光不断地从一个人身上移到另一个人身上——只看着听众中的一个人会让他感到尴尬，让其他人怀疑你们有特殊的关系！如果你拿着演示笔记，把它们举高，这样头就能抬起来（我们都知道有些人会盯着天花板演示）。如果你正在使用视觉辅助工具，请避免长时间盯着屏幕。

· 控制听众能看到的东西。这并不仅仅意味着视觉辅助工具，也包括其他让他们保持视觉上的兴趣的东西。

观看一部戏剧时，你会看到在舞台上除了说话的人以外，其他的演员都将保持静止，尤其是他在持续讲话的时候；然后，当轮到另一个人发言时，他们会用夸张的动作来转换人们的注意力。演示也是如此，你的动作会吸引注意力（听众的动作和茶点的到来也会吸引注意力）。如果你想让人们专注于一幅画，请保持安静；当你想让他们注意到你的时候，就做些动作。同样，如果你需要拿笔记，那么请用你不太常用的那只手，避免挥舞它们。

· 不要在演示中大段地解释你是如何开始演示的，不要评论它的机制或创作过程（"当我被要求做一个关于唐氏综合征患者的演示时，我去查了字典……"），或者为自己在场而道歉。这样一来，除非你是有才华的专业人士，否则演示会显得很业余。

· 为问题做准备。在一些演示中，可以回答一些友好听众的提问，这样你就可以通过准备好的回答来发光发亮；也可以提前挑选几名听众，以用来确定可能要问的问题。

显然，最好的方法是诚实地回答问题，并在你不知道答案的时候说出来。有时候你可能需要为思考答案争取一些时间，而这样做的技巧就是反过来问一个问题（"我想知道你是否可以详细说明一下……"）。有的人更喜欢的另一个技巧是回答一个不同的、更简单的问题。

如果你面对的是一个充满敌意的提问者，最好不要表现得更咄咄逼人。如果可以的话，尽量表现出乐于助人和彬彬有礼的样子，因为这可能会缓和他的敌意。听众中很有可能有很多人会同情你，但如果反应过激，你就会失去这种同情。

非正式演示

到目前为止，咨询师演示的形象一直是西装革履地站在听众面前，但很多时候，演示不需要那么正式，例如在讨论会期间。

在这种情况下，可能只有少数与会者，正式的发言可能不适合会议的形态。仍然需要做准备工作，但是与其通过屏幕上的幻灯片来传达视觉信息，不如准备一些可以给参与者分发的画有图形的纸张，这有时被称为"小组陈述"。这样做的好处是你可以把更多的信息放在一页纸上，这些细节被投影到屏幕上时是看不清楚的。然而，这个办法的缺点是，如果你在演示开始时分发出去几页材料，那么会议上的其他人很可能会提前看完，你无法控制他们在看什么，而且确实不能像你在做屏幕演示时那样容易地引导他们的注意力。

回顾

做报告是一种技能，像大多数技能一样，只有通过练习才能提高。因此，想象看完本章后就能编写比你过去所写的好得多的报告是不切实际的。但是，在编写和展示时存在很多陷阱，避免这些陷阱可以给你带来一些改进。

这一章的大部分内容讲的是准备工作。这是因为准备工作需要时间，但与所有技巧一样，只有在事后仔细分析以下内容，才能有所提高。

- 什么做得对。
- 什么做错了。
- 下次我会做得更好的地方。

最好在提交文档或演示文稿后不久进行此分析。如果得到的回复是对你的评价很好（或很差），那么这是不言而喻的，但大多数情况下，你的表现会好坏参半。可以向同事征求意见，也可以非正式地向听众征求意见。

然后你需要采取行动。报告是一种技能，就像其他技能一样，比如运动或乐器，只有通过批判性的练习才能提高。

第9章

影响客户

说服：一种催眠术，说服者的意图被隐藏起来，变成了论据和诱惑。

　　　　　　《魔鬼辞典》安布罗斯·比尔斯

当你试图说服的人——听众——可以选择说"不"的时候，我们如何让别人做出我们想要的行动或我们想要的决定？对于咨询师来说，情况总是如此，显然，咨询师没有客户系统的管理权。他们因此必须去说服客户的管理层，这些管理层拥有这种权力。

咨询师会面临许多试图说服客户的情况，从普通到极重要的都有：

·采纳特定的建议。

·把会议安排在某一天。

·支持一名客户员工加入项目。

·同意延长最后期限。

·批准额外支出。

当然，说服是一门我们一生中都在使用的艺术，对家人、朋友和同事可能都会使用，大多数时候，我们都在无意识地使用这门艺术。我们每天都会遇到不同类别的说服：

·说着"如果你不让我玩那个玩具，我就不做你的朋友"的6岁孩子，是在使用情感威胁来谈判；成年人也会这样做，但通常会更加微妙。

- 人们可以仅仅通过他们的地位、人格魅力或其他力量来强迫别人接受他们的观点。
- 我们可能会非常信任一些人，他们过去一直都支持我们，与我们惺惺相惜。我们会同意他们的建议，只是因为信任。
- 我们受他人的观点和行为的影响，如果一个企业的日常是在周六工作（即使这不是工作日），我们可能会觉得有必要做同样的事情。
- 我们可能会从他人传达的一个吸引人的愿景中受到启发（演说家常用的方法）。

在本章中，我们着眼于通过建立一个有说服力的案例和社会影响的过程来影响一个人。

然而，首先要注意的是，说服不是操纵，即使不是不可能，也很难说服一个决心反对的人。如果对方不愿意接受劝说，最好避免浪费你的时间！所以在接下来的内容中，我们假设你并不是在研究一个毫无希望的案例。

咨询师的力量

让我们从考虑咨询师有什么力量来影响客户开始。无论咨询师扮演什么角色，他们都需要影响力来创造变革。影响力是权力的运用，并受其支配。重要的是，咨询师要了解自己的权力从何而来，并认识到客户组织中的权力所在，以及权力的类型。

赫塞、布兰查德和奈特梅耶（1979）在他们关于领导力的研究中提供了一个很有用的分析，其中分析了不同类型的权力，表9-1中为我们叙述了7种权力。

表9-1　权力的类型

胁迫力是建立在恐惧之上的。一个胁迫力高的领导者让人服从于他，因为不服从将受到惩罚，如不受欢迎的工作分配、训斥或解雇。
人脉力是基于领导者与企业内外有影响力的人士之间的"人脉关系"。一名人脉力强的领导者会诱导他人服从，因为他人的目标是获得权势集团的支持或避免其反对。
专业力基于领导者拥有的专业知识、技能，通过他人对他的尊重来反过去影响他人。专业力高的领导者被认为拥有提高他人工作能力的专业知识。
信息力的基础是领导者拥有对他人有价值的信息。这种权力基础会影响其他人，因为他们需要这些信息或想要"参与到事情中"。
合法力是建立在领导者的地位之上的。通常情况下，职位越高，这样的权力就越高。一个拥有高合法力的领导者会诱导他人服从或影响他人，因为他人觉得凭借这个领导者在企业中的地位，人们的建议可以被采纳。
威望力基于领导者的个人特质。一个有很高威望力的领导者通常会因为他的个性而受到其他人的喜爱和钦佩。这种对领导的崇拜和认同也影响着其他人。
奖赏力基于领导者给他人提供奖赏的能力。他人认为自己的服从能得到正面的激励，如报酬、升职或重视。

不同类型的权力的可用性和有用性会因情况而异。只有一种力量，或者只通过一种力量来施加影响，这是很罕见的。

这一分析中产生了一些咨询师特别感兴趣的问题。

1. 尽管内部咨询师通常在组织内有一些明确的职位，因此拥有一些权力，但这在影响变革方面通常用处不大。显然，外部咨询师通常没有什么组织结构中的权力。这与习惯使用职位权力完成工作的部门经理或高管形成了鲜明的对比。转换到员工角色或外部咨询师角色的经理或高管需要调整其影响方式，以考虑到其权力基础的这种变化。

2. 咨询师力量的基础是他们的专业知识。咨询师为一家咨询公司工作，很可能他们就是因为自己的专业知识而被雇佣的，而客户购买的也几乎肯定是其专业知识。即便如此，咨询师还有其他的权力基础，而人脉力在影响变革方面尤其有用。大多数咨询项目是由高层管理人员委托的，由于与高层管理人员的联系，咨询人员对更多的基层员工产生了影响。这可能会给那些被中层管理人员聘用但必须影响高层管理人员的咨询师带来一个问题——他们没有人脉的力量。

这一点在一个人事经理授权的项目上得到了说明。这个项目在不同地点的工厂运营，所有工作都在运营总监的控制之下。他觉得人事经理没有充分地征求他对这个项目的意见，所以项目开始后不久就停止了。除非运营总监对细节满意，否则这个项目不能重新启动。

专业力的特征之一是具有情境性，例如，当中央供暖系统发生故障时，水管工比律师拥有更大的权力。然而，专家的力量在有更强的专家在场时确实会减弱。例如，新咨询师可能会发现，当与他们一起出席会议的还有来自自己公司的更资深人士时，他们的专业能力会在客户会议上减弱。

合法力要有意义，就必须有其他类型的权力作为保障。例如，部门经理可能在某种程度上需要访问所有的权力基础来完成他们的工作。从咨询师的角度来看，考虑企业中高层人物的权力基础，以找出谁真正有影响力是一件有趣的事情，尤其是"没有任职资格的部长"——他们是拥有很高的头衔的过时人物，还是背后的权力人物？

有一种权力没有列在表9-1中，那就是拒绝的权力——说"不"的权力。

鉴于咨询师的工作目的是促进变革而非阻止变革，他们通常不会使用这种权力。更重要的是，拒绝的权力在企业中处处可见，工厂工人和办公室职员都有相当大的拒绝的权力，他们二者都能让一位经理或者高管的日子不太好过。如果拒绝的权力是对企业的问题而言唯一可用的权力，那么可以使用这种权力。咨询师在进行改革时应记住这一点，并应提供咨询程序，以避免工作人员行使拒绝权。

如果想要成功，咨询师需要对包括自身和客户的权力的性质和分配有敏锐的认识。尽管他们的权力在于他们的专业知识，但在客户组织中更初级的职位上，是人脉力在帮助他们正常工作。因此，对于咨询师而言，维持人脉关系十分重要，且有关系的人在企业中的职位越高越好。在较小程度上，威望力和信息力对咨询师影响变革也是有用的。

对咨询师影响的回应

值得考虑的是，对于咨询师试图影响客户的行为，可能会有什么反应。抛开拒绝不谈，查尔斯·汉迪（1981）认为客户受到影响后的回应可以分为以下几类：

·服从——我做这件事因为我必须如此。
·认同——我做这件事因为是你让我做的。
·内化——我做这件事因为这是我的选择。

所有这些反应都表明变革已经被接受，因此，所有方法都是有效的，但每种方法都各有优缺点。

"服从"要求在变革的背后有足够的力量来确保得到积极的响应。

因此，变革必须得到支持。例如，授予组织内部基层管理人员的合法权力；新会计程序的引入可能只需要总会计师的授权，之后会计人员就会使用它。咨询师也需要足够的人脉力去确保这种服从回应。

这类回应的缺点是，一旦变革的压力消失，事情就会恢复到以前的状态。类似的困难也适用于"认同"，一旦咨询师退出，引入的变革可能会失败。咨询师需要具有威望力的管理人员来影响这种认同回应。

"内化"的回应通常被认为是最持久的，是根本性（即组织的目标或文化）改变所必需的。它不需要特定的权力基础，但确实需要时间和技术，咨询师采用参与式过程引入变革，最有可能导致内化回应。

从商业的角度来看，认同比内化更令人满意和更有回报。内化意味着"我们改变是因为想要改变"，而咨询师很可能被认为与变革无关。这不是咨询师可以赚到钱的方式，所以，我们强烈倾向于认同回应。

准备和展示一个有说服力的案例

理性说服是咨询师最有说服力的分析和陈述案例的基础。关键要素见图9-1。

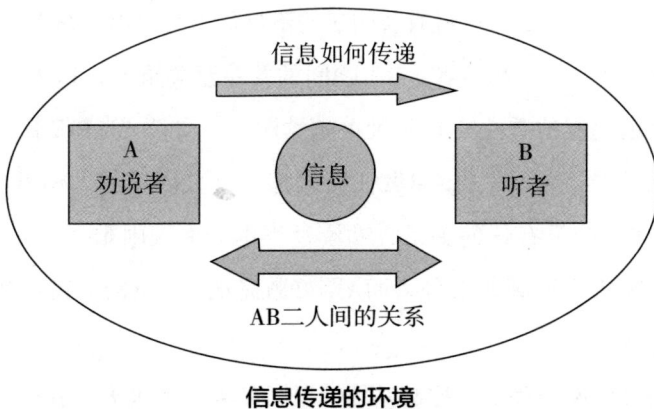

图9-1　影响说服力的因素

1. 信息会影响听者的反应。听者对任何会导致糟糕结果的信息接受度都不高，例如以下信息：

   ·今晚你加班。
   ·你欠我2000英镑。
   ·我们想调你去偏远地区的分公司。

2. 信息的传递方式会影响信息的接收方式。英国有一个关于一位陆军中士的老笑话，他要告诉自己所在排的一名下士史密斯他的父亲去世了。思忖过后，这位中士在列队检阅时排好队，并下达命令道："所有父亲健在的人，上前一步……史密斯，你觉得自己该站在哪儿？"不敏感的沟通会对说服信息的传达产生阻力。对比以下恳求：

   ·你今晚要工作到很晚。
   ·你今晚能工作到很晚吗？

这两个句子（尽管后者有着明显的不自信）都可以是命令。

3. 劝说者（A）和听者（B）之间的关系至关重要，这决定了B对A所说内容的看法。在某种极端情况下，如果A是B极其不信任的人，对于A而言劝说B做任何事都是十分困难的，但其实如果A和B之前没有任何关系，劝说过程也会出现困难。例如，如果B会无来由地厌恶某种人而A刚好就是的话，A的劝说形势就处于劣势。

4. 信息传递的环境。比起其他情况，如果发生火灾，我们会更有可能被说服从3楼的窗户外沿着排水管爬下楼。

你不太可能完全掌控这些条件，然而，在某些情况下，你可能会对结果感到特别焦虑，希望最大限度地提高成功说服他人的可能性。在本章中，我们集中讲述前两种条件，即信息的性质和传递方式。与大多数人沟通时，成功往往源于精心的准备。对于咨询师来说，问题在于如何以最有说服力的方式展示一项建议。

下面列出一种实用性的准备方法，其由三个阶段组成：

1. 提出一个可接受的建议。
2. 分析你的案例。
3. 准备演示。

提出一个可接受的建议

如果听者可能完全同意你的提议，那么就没有必要准备得太过翔实。相反，如果你给的建议令人完全无法接受，那就不太可能劝说成功。让人接受一个不可接受的建议的机会微乎其微，除非通过虚假陈述或操纵，而这两者都涉及欺骗。例如，一个骗子用欺骗的手段来说服别人无偿地把钱拿出来。

以下是提出一个令听者可接受的建议的三个步骤：

1. 清楚你的目的。
2. 确定听者的目的。
3. 确定建议。

清楚你的目的

第一步是了解你想要实现什么。在实操过程中，对于咨询师来说简单的劝说目的可能是：

· 将进度审查推迟一周。

· 让汤姆在项目中代替迪克。

· 于下个月开始第二阶段的工作。

重要的是你要明白这些目的为何是必要的。与上述例子相关的原因是：

· 在下一次进度审查之前完成更多的工作。

· 这样可以让迪克有足够时间接受新的任务，该任务需要他的独特技能。

· 这样可以让这一阶段有足够的时间在下月前完成。

在确定了这些未来的目标之后，可以通过寻找"如何去做"来确定达到同样目的的其他方法。以第一个例子为例，问如何"在下一次进度审查之前完成更多的工作"，可能会导致以下选择：

· 周末和晚上加班。

· 团队加人，或者就像最开始提出的建议一样"将进度审查推迟一周"。

该过程如图9-2所示。

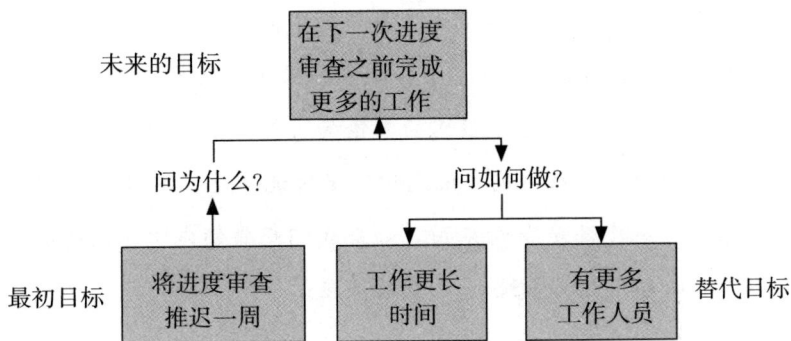

图9-2　生成替代目标

　　如果最初的提议没有被接受，这个过程将会引导你找到可接受的备选目标。如果要进行谈判，这也是获得备选办法的有用过程。

确定听者的目的

　　你会注意到，上面列出的每一个未来的目标对咨询师都有好处。虽然客户可能会赞同这些目标，但它们本身可能不太有说服力。说服是一种以听者为导向的交流方式，必须遵循的过程是决定如何能帮助听者达到他们自己的目的。这意味着劝说者必须对听者的目标有所了解。

　　如果我们了解听者，那么我们可能会对他的目标有一些大致或具体的概念，例如：

·避免风险。

·周二下午5点回家。

·在年终之前完成项目。

·晋升。

几年前，一所培训学院的导师们不得不说服两位主管批准在交互式视频系统上的开支。其中一位主管名为巴里，对新事物充满兴趣，但另一位名为艾伦的主管却很保守。导师们知道必须分开说服他们。他们对巴里的说辞是："巴里，互动视频在训练中还是个新东西。如果我们想要领先于其他所有人，就必须用这套系统。"巴里的反应是："这太令人兴奋了，用吧！"

对艾伦来说，情况就不一样了。"艾伦，互动视频已经出现一段时间了，使用它是我们对视频领域自然而然的投资。"艾伦的反应是："这听起来没那么大变革，我们为什么不继续呢？"

要同时迎合他们截然不同的性格是不可能的，但我们可以分开进行方法的调整。

如何推断一个你从未见过的听众的目标？一种方法是听取已经认识他们的人的汇报。例如，客户的下属可以帮助你制定老板的目标。除此之外，你不得不进行猜测，但这并不困难，因为大多数人的总体目标都是增加自身利益或他们所属的团体或机构的利益。在这些情况下，在与听者的第一次谈话为你提供更多的信息之前，假设相当宽泛的目标可能是值得的。因此，在谈话开始的时候，你必须非常仔细地听对方说了什么，以获得关于他们的目标的任何线索。

确定一个可接受的建议

在弄清楚你自己和听者的目的之后，你需要确定一个同时满足两者需求的建议。

举之前用过的例子来说：将进度审查推迟一周。这对客户来说可能是完全可以接受的，所以没有问题——他们一点儿也不关心。但如果他们必须在计划日期后的第二天向董事会提交项目报告，那么这个提议一定会遭到反对，应当寻求替代的目标。

说服是一个过程，在这个过程中，比起其他建议，听者优先接受劝说者给出的建议，而协商则更为复杂。它包括大量的建议、交换条件、讨价还价，等等。一个谈判人员经常使用的描述谈判过程的模型通常会显示他们认为最好的、预期内的和最不可接受的结果的建议范围。同样，对方也可能有具有吸引力的排名顺序，但方向与他们相反。

举个简单的例子：在中东的集市上购买地毯。价格预期可能如图9-3所示。

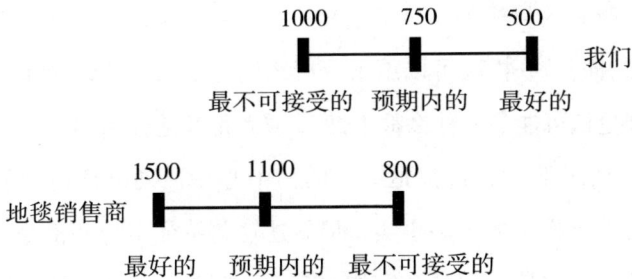

图9-3 购买一张地毯

在这个例子中，我们估计地毯的价格最高可达1000里亚尔，地毯销售商不接受少于800里亚尔的价格。幸运的是，二者间有一部分重叠，最终确定的价格是双方讨价还价之后的结果（当然，事情本身比这更复杂，因为我们不一定知道另一方的期望范围。第一次去中东的集市时，我没有讨价还价，而是按照要求付了钱。店主看上去既惊讶又有点儿失望）。

如果这两个立场范围没有重叠，那么通过谈判几乎是不可能解决问题的。在商店里，这可能并不重要；但在业务中，如果需要解决方案，第7章中描述的冲突分析模型可以帮助制定解决策略。

分析你的案例

保险推销员："迪克，这真是一份好保单。我真心实意地向你推荐它，因为它给我的佣金最高。"

这不是一个特别有说服力的销售信息，不是吗？它的目的是告诉听者一些信息，劝说者希望借此实现自己的目标。但说服必须以听众为导向，并需要表明将如何帮助听者实现自己的目标。

"那又怎样？"分析法是一种很有用的技术，表9-2中就有其运用的一个例子。听者的目标（与该案例相关）被列在顶部，以便读者能记住它。"那又怎样？"分析法可以用于分析我们提出的建议以及主要的备选建议。备选建议可能是"什么都不做"，或者是其他什么建议。

在每种情况下，分析都是一样的：中心一栏列出该命题的主要特征。特征是关于提案的客观事实，但叙述这些特征本身并不令人信服；吸引人的是，在语境中解释事实如何有助于实现听者的目标。这些是这个建议的优点或缺点。

如果你想把某个特性转化为优点或缺点，你可以这样问："那又怎样？"（这就是这种分析方法的名字。）

表9-2 "那又怎样?"分析法示例

听者的目标：确保项目准时完成		
提议：将进度审查推迟一周		
优点	主要特征	缺点
·认识到咨询师很诚实 ·在审查时有更多进展可报告	·客户被告知需要将进度审查推迟一周 ·比预期的时间要迟 ·审查前预留出更多时间 ·需要告知其他组内成员	·这个项目似乎落后了 ·他们可能会想项目是不是出问题了

这种方法对实体项目比对思想或概念更适用，但也能用于后者。项目中可能存在大量复杂的目标，因此第一步必须是简化目标及其特征。完成所述目标后，可能还有其他相关的目标；第一个特征也与（客户的）目标"能够信任咨询师"有关。

完成对建议的分析之后，也可以对备选建议进行类似的分析，最有可能的建议是"保持会议时间不变"（这里没有引用对这个建议的分析，因为它的优缺点与表9-2所示的相反）。

这种形式的分析可以帮助你从听者的角度来看待你的建议（和其他选择）。记住，说服是面向听者的沟通方式。

分析完你的提议之后，你必须决定如何呈现它。

准备演示

有说服力的演示需要按以下顺序组织：

1. 吸引。

2. 讨论。

3. 行动。

吸引

一开始，你要让听众确信有一个值得注意的问题需要他们立即采取行动或做出决定。你必须设法吸引他们的注意力，并做到以下几点：

· 听众必须承认并接受这个问题。
· 解决这个问题必须是他们的头等大事。
· 他们必须相信有可能找到解决方法。

在复杂的说服过程中，吸引的过程——让听众"接受这个问题"——可能是说服过程中的一个单独的步骤。

　　一位人事经理在管理公司的汽车计划时遇到了很大的困难。他的上司，即人事主管在接受问题的同时，并不接受人事经理对问题的性质和紧迫性的看法。人事经理后来不再保护人事主管不受有关汽车计划的质疑和问题的影响。
　　此后不久，人事主管开始从人事经理的角度来看待这个问题。

只有在"吸引"步骤完成之后，说服的尝试才会成功。说服的失败往往是由于在进入讨论或行动阶段之前没有圆满地完成吸引这个阶段。因此，举例来说，在讨论"将进度审查推迟一周"这个建议时，首先要问应该推迟到什么时候，这就是讨论阶段的开始。

讨论

在接受确实存在问题之后，就必须解决这个问题，那么听众的下一个问题可能是："好吧，我们该怎么做？"事实上，他们可能会立即提出自己的提议（顺便说一句，后一种行为是吸引阶段圆满完成的标志）。

这就是使用前期分析的地方。在描述你的建议时，要分别突出它的优缺点。

- 咨询师："通过将进度审查会议推迟一周召开，我们将能够比按计划召开会议时报告更重要的进展。"
- 客户可以提出异议，这些将基于你的建议的缺点和其他选择的好处，例如："推迟一周将会引发小组成员的担忧，即项目进度落后。"

前期分析表明这是一个潜在的反对意见，你应该准备好处理最有可能的反对意见。一个可能的回应是：

- 咨询师："如果我们没有完成上次会议商定的行动，在原定的时间开会可能会引发更多的担忧。"

请注意，他们讨论的是如何避免引发小组成员的担忧，而不是会议是否应该推迟。这可能是因为客户正在清楚地表达他们自己的担忧，或者已经接受了咨询师的建议，并且正在考虑如何更好地实施它。

咨询师可能会使用一种被称为"试探性成交法"的技术来解决这个问题，这是一种"如果……那么……"的表达形式：

- 咨询师："如果我们能让其他小组成员放心，那么你愿意把会议推迟一周吗？"

明白客户对这一问题的反应将有助于引导后期的讨论：是说服客户推迟会议，还是帮助他们有效地执行会议？进一步的试探性成交法可以用来确定客户可能存在的其他异议或担忧。如果咨询师不能通过试探性成交法找到答案，他们仍然必须试着从讨论的本质中找出客户真正关心的问题，这样他们才能以最有效的方式指导他们的工作。

这看似可能只是个微不足道的点，但是在我的经验中，它却一次又一次地出现。提议的障碍通常不是"为什么"而是"怎么做"。换句话说，人们往往关心的是手段而非目的。

因此，讨论应包括关于问题本身或问题对应的解决方法，以及每种方法的优缺点的辩论。最终应就行动或决定达成协议。

行动

然而，讨论过后不会自然而然地过渡到行动阶段。就像你把马牵到河边，但没你的允许，它不会主动喝水一样。理想的回应可能是：

· 客户："好的，我很乐意把会议推迟一周。我会打电话给小组的其他成员让他们知道，确保他们不会担心。"

在实践中，你可能会得到这样的回应：

· 我想考虑一下。
· 我想再和某某谈谈。
· 让我们暂时坚持原来的日期，在差不多的时间进行审查。

这些话可能就是表面上所说的意思，如果是，你必须这样对待它们。或者，这些话可能意味着"我还没有被说服，但我不想继续这个话题"。另一种可能性是客户不喜欢做出决定。在后两种情况下，你都需要进一步推动事情发展。

当你被拒绝的时候可能会用到的技巧：

1. 如果对方是出于真正的原因而拒绝你，你必须尊重这些原因，因为进一步催促只会激怒对方。但是，你所能做的就是确认接下来会发生什么。像"很好，我们什么时候再聚在一起决定做什么"之类的回答是给了你再试一次的机会。因此，虽然对方对你想要的行动或决定没有一个确定的承诺，但通向它的步骤是明确的。

2. 如果对方仍然不相信你，你需要弄清楚是什么在困扰着他们。也许他们还有一些误解是你没有处理好的，或者有一些你不知道的相关信息是他们拖延的原因。你必须快速过一遍说服过程中的步骤，找出症结所在：

   ·我们一致认为这是一个需要立即做出决定的问题。
   ·我们已经回顾了各种可能的解决办法。
   ·我们一致决定这是最好的解决方案。
   ·所以，让我们继续吧。

3. 有些人不喜欢做决定，避免做决定的一个常用策略是寻求更多的信息。再次强调，有必要将真正需要更多信息的环境与需要使用拖延策略的环境区分开来。在后一种情况下，你需要强调：

   ·现有资料的充分性。
   ·做决定的紧迫性。

一旦听众同意你的提议，就结束讨论。持续的讨论可能会导致他们重新思考自己的立场，而你也会在说服过程中让步。

说服会议

在这一部分中，我们将讨论说服会议的特点，以及一些可以用来增加成功概率的技巧。

输赢

你对被说服有什么感觉？你容易被说服吗？你是一个性格软弱的人，还是智慧堪比安德鲁·卡耐基的人（据说卡耐基的墓志铭上写着：这里躺着的人，懂得如何使能力比自己强的人在他的手下充分发挥作用）？

当说服事件被任何一方视为一场竞赛时，困难就出现了。在这场竞赛中，最终获胜的将是观点占上风的一方。说服变成一场竞赛的危险在于，听者总是能赢：他们可以说"不"。因此，作为一名说服者，你需要避免出现赢得辩论比建设性地讨论更重要的情况。输赢取决于两种不同的观点，就像一场口头网球比赛，双方从网的另一边将球打向对方。它的特点是有大量口头上"是的，但是……"的陈述，因为每一方都在尽量用他们的观点反对对方。争论通常会得出令人不满意的结论。

应对这种情况的一种方法是说，"让我看看我是否理解了你的意思"，然后总结一下你对他们立场的理解。这样做的好处是可以向对方展示你听取了他的想法并进一步检查自己的理解，以此来打破争论。没有人会认为自己是傻瓜，他们会相信自己的观点是正确的。在辩论中，把注意力集中在你接下来要说的内容上，意味着你可能不会仔细地去听别人在说什么，交流出现了障碍。

另一个技巧是给予听众积极的"鼓励"——对他们和他们的意见表示尊重。这可以通过强调同意度来实现，表9-3所示的"同意度"的划分不仅有助于识别你是赞成还是反对某项提议，还有助于识别你对这两种提议的认同程度。

表9-3　同意度

分享	在这个问题上，我和你一样坚定
支持	我会在这个问题上帮助你
同情	我赞赏你的努力，但觉得没有必要帮助你
默许	不管怎样，我都不在乎
拒绝	我没法帮你
反对	我会反对你

　　根据表格衡量你们双方的态度，清楚你们每个人在某一问题上的立场是很有用的。

　　当然，如果你不同意某项提议，保持你的立场很重要。有时并不能达成令所有人满意的局面。正如一位客户所说："我欣赏提出的建议与我想要的不同的咨询师。"

先说好消息还是先说坏消息？

　　有时会出现这样的问题："我应该先处理提案的缺点，再考虑它的优点，还是应该反过来？"

　　我的经验法则是，如果你希望对方接受这个提议，就从优点开始；如果你希望对方拒绝这个提议，就从缺点开始。实验证据（1981年由汉迪提出）倾向于我提出的这一点，第一组受试者被告知，一个人聪明、勤奋、冲动、挑剔、固执、嫉妒；第二组被告知同样的内容，但是形容词的顺序相反。每一组都被要求描述这个人的特征，第一组（"好消息"先出现）给出的评价比第二组更加正向。

避免回答"不"

　　就像听者可能希望推迟做出避免回答"是"的决定一样，你也可能希望做同样的事来避免回答"不"。一旦做了决定，就很难撤销，例如，听者一旦做出决定，就会在情感上做出承诺（令人高兴的是，同样的过程反过来也起作用，做出对你有利的决定后，撤销它在情感上也是痛苦的）。

因此，如果你的说服尝试看起来失败了，而且没有令人满意的替代方案可以用，那么就争取推迟它。以想要推迟进度审查会议为例，你可能会说："好吧，显然你对此不太高兴。不如我去做更多的调查，过几天再来找你吧。"虽然这听起来很空洞，但它给了你一个喘息的空间，并允许你继续争取对方的支持。如果已经做出不推迟的决定，那么就很难做到这一点。

谈判

谈判在以下方面和劝说不太一样：

· 劝说是在不平等的双方之间进行的——被劝说者可以说"不"，仅此而已。在谈判中，由于双方都同意要达成协议，权力更加均衡。

· 双方的角色也更加平等。谈判的目的是通过讨价还价找到双方都满意的基础，以便双方都能采取行动，而不是不妥协。

然而，在指出差异之后，有必要总结一些更有用的谈判策略。

在前文中，我们提到了延期过程，除了避免回答"不"，它还可以用来让情绪冷静下来，或者与其他各方进行磋商（后者可能只是表面上的，例如，与工会谈判的经理可能给出了他们的"最终"报价。如果进一步修改，他们一定会失去信誉，但假装与上级协商可能会使他们得到想要的结果）。

当对立双方之间没有共同点时就会出现问题，即在每一边的最低可接受点之间没有重叠。结果取决于所涉及的利害关系，如果利益不高，对方可以简单地同意你的不同意见；如果利益很高，那么每一方都会试图通过提高利益让另一方来改变自己的谈判立场。例如，工会可能威胁采取罢工行动，以促使管理层提高工资，其理由是：为了避免潜在的混乱和损失，以较高的工资水平解决问题是值得的。

以下两个方面，对满足你想要的要求来说是很有用的。首先，如果是范围问题，那么你可以通过谈判得到你最初想要的东西，而对方也会感到满意。（因此，若你要求将会议推迟10天，对方可能会妥协至推迟5天，这当然比什么都不做要好。）其次，在主要的建议中可以包括一些次要的建议。次要的建议可以用来掩盖主要建议，也可以用来为主要建议牺牲。

有时，有经验的谈判者一开始就会做出很大的让步，然后通过不断提醒对方其在最初做出的巨大让步，以从对方那里赢得更多的、更有价值的小让步（与此相反的是，一些必须坚持的地方一旦做出让步，就不再是谈判）。

倾听在谈判中尤其重要，尤其是通过读懂言外之意来理解真正的意思。如果你和对方都是经常谈判的代表，你们可能已经发展出一种观察者不会理解的沟通方式。例如，当真正达到对方的最终报价时，你们俩彼此都能肯定。但对一个陌生人来说，可能很难知道这一出价是否只是一个战略策略。

有时谈判者会试图使对方心烦意乱，希望从中得到一些信息或其他好处。例如，当一位律师想使证人内心摇摆时，就会叫错他们的名字。

另一种方式是在谈判中引入个人因素。谈判者通过含蓄地声称谈判中的困难可能会对双方的关系不利来动摇对方的立场。不要陷入混淆两者的陷阱——有可能谈判很困难，但同时仍然要保持愉快的人际关系。

从上面可以看出，谈判可以被认为是一种"游戏"的形式，有规则、仪式、专门的语言——这些在雇主和雇员代表之间进行的仪式化谈判中得到了体现。

影响因素

罗伯特·西奥迪尼（2001）广泛分析了影响进程的因素，并给出了6种主要的因素。表9-4列出了这6种因素，以及其关键特性的摘要。

表9-4 影响因素

互惠原则	回报恩惠的义务，即使你不想要，也需要让步
承诺和一致性原则	一旦做出了一个小的承诺，其他人就会因为需要一致性而被说服
社会认同原则	我们观察他人然后学习
喜好原则	我们会对喜欢的人说"好"
权威效应原则	权威源于象征，也源于现实
稀缺原则	物以稀为贵

西奥迪尼注意到这些原则是有条件的，而我们倾向于几乎自动地遵循它们。它们在产品营销中广泛出现，并应用于我们生活的各个方面。比如说：

· 互惠原则：如果有人在酒吧请你喝一杯，你会觉得自己也有义务请他们喝一杯。

· 社会认同原则：电视喜剧经常使用罐头笑声来增加节目的喜剧

效果。

- 权威效应原则：一个穿着得体的人坐着由司机驾驶的汽车到达现场，这一点被认为是非常重要的。

我们之所以能够接受这些原则，是因为它们通常都是为了我们的最佳利益而存在的。因此，举例来说，互惠是与邻居相处的好方法。但在某些情况下，它们会导致人们的行为在我们看来是非理性的——而在他们看来，经过反思后，也似乎是非理性的。西奥迪尼讲述了他的兄弟在学生时代成功买卖汽车的故事。他的兄弟在当地报纸上刊登想卖的汽车的广告，然后邀请所有潜在买家同时参观该车，这利用了稀缺原则。这给买家们带来了迅速做出决定的压力，因为每个人都知道，如果不当场购买，就买不到车。稀缺原则使得拥有这辆车这件事比这辆车的功能更重要。

以下将讨论一些使用社会影响力原则的领域，特别是承诺和一致性原则、社会认同原则，这适用于咨询师的工作。

得到客户的承诺

总会有客户员工的态度是"你行你上"，但是，如果他们扮演的不是高管角色，那么咨询师将通过其他人来创造变革，这些人能发挥自己的作用，他们应该清楚并接受自己的责任。

咨询师应了解客户曾寻求协助的咨询项目的成败。在一个将成功或失败看作是共同责任的组织中，进行变革要比在一个完全认同咨询师的组织中容易得多。因此，史密斯联合公司的咨询师应避免将该项目称为"史密斯联合公司项目"。咨询师应在项目中将自己定位为协助客户的帮手，以便客户承担责任。

品管圈是由来自自己团队的主管建立并领导的问题解决小组。品管圈方案的一个特点是参与的成员都是自愿的。在我曾参与的项目中，作为一个圈子的领导者，一线主管受邀参加一个培训课程，在课程结束时，我们会号召志愿者开始组建他们自己的圈子。如果没有人愿意，那么就不会有圈子。

显然，我们尽可能合理地确保参加培训计划的人可能会成为志愿者，但课程结束后，当志愿者被要求组建圈子时，对咨询师来说总是一个令人紧张的时刻。

不用说，有一次，由于各种不幸的情况，我没有找到志愿者。

然后，小组面临关于方案制定后的后果以及该后果对公司的影响。我们在课程早期就该方案制定的目标达成了协议，如果该方案失败，这些目标就难以实现。

正因为如此，一位主管改变了主意，说他要试一试，然后其他人也跟着做了。

但是，如果他们不承担确保方案成功的个人责任，就不会取得这样的结果。

要得到客户员工对项目的承诺并让其接受最终成果，最好的方法是给他们参与项目的机会。咨询项目需要咨询师和客户之间的共同努力，如果客户的工作人员能够对确定所需的变革做出贡献，则更有可能获得认可。如果需要客户员工的内部响应，参与式方法是必不可少的。

如果要维持变革，承诺的实现必须达到关键值。许多计划之所以会半途而废，是因为还没有达到这个值。人数很重要，做出承诺的人也很重要，在每个组织中都会有一些容易转变的人，但是不幸的是他们并非总是意见领袖。每个变革项目都应制订一个计划，以确定可能构成关键的重要客户职员（可能只有一个人）并获得他们的支持。

管理期望

如果只有高级管理人员参与项目，那在你涉足客户的领域之前，他们就会有对你和你将要承担的项目的期望。当与更大范围的客户员工合作时，员工们也会有期望。有时这些会适得其反，例如，如果组织的高层和底层之间缺乏信任，那么作为高层管理人员的"使者"，你可能会受到很大的怀疑。

期望是通过沟通来管理的。除了少数几个明显的例外，组织内部的沟通不是特别畅通，因此咨询师方面不需要花太多精力来改进常规渠道。如果没有可靠的信息，谣言或不可靠的信息就会取而代之。因此，在所有项目中，咨询师积极控制所传播的信息是很重要的。

但管理期望还不止于此，咨询师还需要确保自己不会产生不必要的期望。这在项目的数据收集阶段特别容易做到。你可以想象客户职员在被问及以下问题时的反应：

· 你满意自己的薪水吗？
· 如果办公室搬到威尔士，你会搬家吗？
· 裁员大概会裁多少人？

这些问题的明显推论分别是："薪酬将会提高""办公室将搬到威尔士""将会有裁员"。咨询师必须判断这些想法是否有帮助，如果没有帮助，就要避免制造这些期望。

期望也是激励的一个重要因素，如下面的公式所示：

激励（去做某事）=**欲望**（为了我做之后得到的奖赏）×**期望**（如果我做了，就会得到奖赏）

假设你在街上被一个人拦下，他提出以100英镑的价格向你借一块昂贵的手表，用1小时，然后把手表还给你。我们大多数人都会认为，每小时100英镑租出一块手表，是非常慷慨的回报。然而，同样让我们担心的是，一旦这么做了，就会再也看不到手表或那个人了，更不用说那100英镑了。尽管我们渴望得到回报，但我们的期望会导致我们拒绝这个人的提议，不管它是否是真的。

类似的过程也可能发生在咨询项目中：每个人都可能赞同咨询人员试图实现的目标，但仍然没有合作的动力。这种情况的发生往往是因为对高层管理人员的意图缺乏信任。"我们以前试过，但3个月后管理层又故态复萌了。""他们说不会裁员，但5年前他们也是这么说的，结果是有50人必须在一年内离开公司。"

不管这些事情的真实性如何，如果人们相信它们，那么对于试图创造变革的咨询师来说，它们就成了一个问题。必须说服那些参与变革的人付出必要的努力，以实现变革，否则，咨询师将面临失败的处境。

有时，来自最高管理层的保证是足够的，但也可以利用社会认同的原则。明确的支持证明可以让怀疑者相信管理层的诚意，比如高管主持项目会议或在培训会议上发言。试点试验对于显示项目的可操作性也很有用。

提高你的影响力技巧

与其他沟通方式一样，这个原则也适用于提高影响力技巧：准备先于行动。在行动之后，对其进行回顾，看看可以学到什么经验，并应用到下一次的准备之中。

因此，你必须回顾每一个展现你影响力的场合，看看能从中学到什么：哪些环节进展顺利、哪些进展不顺利？你有多成功？你准备充分了吗？回到分析阶段，看看你做得怎么样，这是很有帮助的。你是否准确地评估了对方的目标？你还记得所有支持你的建议的论据吗？你是否预料到了所有的反对意见？

回顾会议本身也是明智的。你的行为会有何不同，例如，你是否发现自己在一个不重要或不相关的问题上走神了？讨论是否退化成了争论？

回顾过程应产生一些明确的经验，以便下次在筹备和行动时加以应用。

试一试。在尝试了本章所述的技巧之后取得的成功会比这些文字更有说服力！

第10章

设计培训课程
和举办研讨会

教育是一件可敬的事，但要时刻牢记，没有
什么值得知道的事是教得会的。

奥斯卡·王尔德

大多数咨询师必须在某个时候开展培训课程。因此，本章不是针对专业培训人员或定期提供培训课程的咨询师写就的，而是针对必须开办培训课程以协助正在进行的项目的咨询师。可能需要培训的是新系统（计算机或手册）、新技术等。

在第8章中描述的演示和其他背景下的培训课程之间至少有两个关键区别。

· 培训的目的是提高员工的能力，帮助个人得到一些不同的或更好的结果。相比之下，其他演示可能更多的是为了提供信息或说服听众。

· 培训中你受到的约束比演示更少。在培训课程中，你会有更大的灵活性，以便调整课程，更好地实现培训目标。

会议上的演讲可以被理解为一种培训形式，但当你必须培训小部分人（20人或者更少）的时候，决定权在你手中。

研讨会是另一种旨在提高绩效的方式，这与培训课程有许多共同点，但也有一些重要的区别。这些内容将在本章末尾介绍到。

创建培训规范

培训规范是培训计划大纲和详细设计之间的有用桥梁。如果你正在为客户设计培训计划，可以使用培训规范在中间阶段获得客户的投入或认可。培训规范的内容如下：

1. 对项目的描述。

- 学习目标。
- 培训形式（例如：以个案研究为基础的一系列练习、参与式的研讨会等）。
- 为其设计的参与者的数量和性质。
- 课程的期限和结构（例如：四天、两天；住宿或非住宿性质）。
- 所需资源（例如：培训师、设备、影片等）。

2. 时间表，列出每节课程的时间。
3. 课程大纲：

- 基本原因：为什么需要安排这节课程。
- 目标：这节课程的教学目标。
- 课程中的学习重点。
- 描述课程中会发生什么的具体课程大纲。

4. 培训评估的基础。

明确培训目标

你必须首先确定培训的目的：在培训结束时，参与者应该知道什么或能够做什么。

从行为或可测试的结果的角度来考虑目标会很有帮助。表10-1显示了"头脑风暴"技术课程的目标。

表10-1　一节"头脑风暴"课程的目标

在课程结束参与者应该能够做到：
1. 定义什么是"头脑风暴"。
2. 列出"头脑风暴"小组的特点。
3. 明确"头脑风暴"课程的指导方针。
4. 能建设性地参与一次"头脑风暴"课程。
5. 认识到"头脑风暴"在工作中的可能应用。

如表10-1所示，当你处理的是容易测试的技能或结果时，培训的目的就应该相当明确，实施培训的方法也应该相当明确。

在培训不那么具体的内容，如管理培训时，通常存在一种"无花果糖浆"的心态：参与者必须接受培训，理由是不管它是什么，都可能会给他们带来好处！这可能是对的，但它确实代表了对时间和资源的无效利用。在这种情况下，进行一些详细的培训需求分析是明智的。这可以通过得到以下问题的精确答案来实现。

1. 我们试图以何种方式提高业务绩效？
2. 这对提高个人或团队绩效有什么要求？
3. 人们需要做哪些不同的或更好的事情来实现这一改进？
4. 他们需要什么样的支持来完成这项工作？

5. 培训在这方面有什么作用?

6. 应该如何交付?

7. 需要创造什么样的条件才能使培训内容在工作中得到有效的应用?

通常咨询师只会在"应该如何交付"阶段被邀请。如果回到因果关系明确的第1阶段,这就不一定是一个问题。如果不是,那么这可能表明咨询师需要提前进行一些工作,以弄清楚适用于业务的绩效模型。

如果你所教的科目很复杂,可能就需要一系列的课程才能把它讲清楚。换句话说,就是一门完整的培训课程。

那么你就需要给每一节课定下目标。

设计训练课程

有了明确的学习目标,你需要设计一个课程来实现它们。为此,你需要为人们如何学习制定一些基本的指南。

培训师经常会引用一句老话:

听而易忘,见而易记,做而易懂。

这句话强调的是,一般来说,人们的视觉记忆比听觉记忆更好,而亲身经历又更优于前两者。人们在学习的方式上有不同的偏好。有些人通过观察学得最好,有些人则是通过实际行动学得好。有些人喜欢理解理论,而另一些人则喜欢在实际应用中学习内容。

受训者可能会有以上所述的不同偏好,因而你应该使用配合这些偏好的多种活动。因此,那些有其中一种偏好的人所喜欢的课程,会不可避免地让那些有另一种偏好的人无动于衷。

传播材料的方法的选择也取决于要学习的内容。图10-1说明了所教内容的性质与所使用的方法之间的关系。

基于知识的学习，顾名思义，是为了增加参与者的知识。这方面的一个例子是培训客户员工，让他们了解一项新法规。以技能为基础的学科与做某事有关。这包括所有的操作技能，例如，如何操作一个新的电话系统，但也包括很多管理技能（例如，做演讲）。

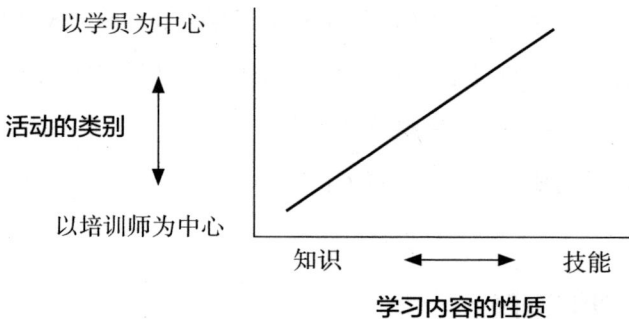

图10-1　培训方法

以培训师为中心的活动主要集中在培训师身上（例如讲座），以学员为中心的活动主要集中在学员身上（例如实践练习）。

无论是在工作中还是在工作外，技能培训都是非常有效的。然而，在本章中，我们关注的是工作以外的培训。图10-2列出了一些最常用的培训方法，也显示了要学习的科目类型及其对应的最适合的培训方法之间的关系。一方面，如果学员对某一主题一无所知，那么最好由培训师先告诉他们，因此以学员为中心的方法是合适的。另一方面，一个新软件的使用最好通过实践来学习。

重要的是要记住，以学员为中心的活动不是让学员仅仅坐在后面看发生了什么，而是要开展具体的活动。

在以学员为中心的培训中，你应该考虑学员如何获得反馈。例如，如果进行实践练习，他们如何知道自己做的是对的还是错的，如何判断自己表现得怎么样？

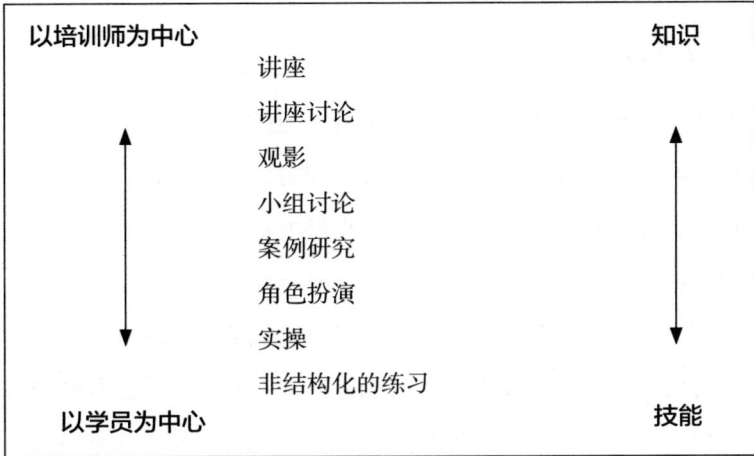

图10-2　培训方法的范围

因此，培训师必须组织反馈过程。这可以由培训师或团队的其他成员来完成。如果是后者，则组内成员必须只反馈他们可以合理预期的能够收集的数据（例如，在招聘面试的培训中，学员们可能会扮演面试官和应聘者的角色："应聘者"可以很合理地评价他们在面试过程中的感受）。如果需要他们给出反馈，小组成员应该接受观察技能的培训，他们需要能够识别有效和无效行为之间的差异。视频记录通常可以帮助组员给出反馈。

必须规定反馈的数量和速度，因为太多的反馈难以消化，会导致效率下降。

因此，在设计培训课程时，你应该考虑要讲授的主题的结构，以及确定它们属于知识技能范围的哪一部分。几乎可以肯定会存在混合式的活动，你应该使用适当的方法来放置每个元素。根据我的经验，就培训课程的内容而言，咨询师往往倾向于以培训师为中心。然而，以学员为中心的活动种类应更丰富，这会使参与者更感兴趣。

远程学习

对于那些可以上网的人来说，远程学习的主题越来越多。提供和参与远程学习的边际成本都很低，并且课程可以安排在适合学员的时间，他们也可以按照自己的节奏来听课。良好的远程学习课程互动充足，且会使用多媒体，因此十分引人入胜。

然而，将学员聚集在一个教室里进行培训确实有好处，尤其是社交互动和对培训的全身心投入状态。因此，混合式学习将远程学习和面对面学习结合起来，并融合了两者的优点。（这当然不是什么新鲜事，任何学童都能认识到这就是学校课程和家庭作业的结合！）

受众的规模

你所选择的受众的规模应该基于行政、组织和个人互动的需要。所以这取决于：

1. 有多少人要接受培训？

2. 一次有多少人可以腾出时间参加培训课程？

3. 培训教室里能舒适地坐下多少人？

4. 他们将如何参与？例如，如果你想让人们参与讨论，30人一组的平均"通话时间"是每人2分钟。

5. 物理设施有什么限制？例如，如果学员要使用电脑，有多少台可用？

6. 你的教学结构对你有什么限制？如果涉及小组实践练习，每个小组应该有多少人？这是否为课程参与者设定了一个最小或最大的数字？同样，如果团队在不同的房间工作，这些房间分别可以容纳多少人？对参与者有最大人数的限制吗？

7. 你和每个参与者之间的互动需要什么？如果在部分课程中需要个别辅导，你能应付多少人？如果其中存在限制，那么是否值得让一个或几个同事解决这个限制，以便让更多的人参与整个课程？

项目管理或商业上的约束通常也会影响培训，并导致培训偏离理想的结果。

演示形式

在培训中很少用到讲座这种形式。为了维持听众的兴趣，几乎总是需要加入一些听众参与的活动。据说，如果听众不参与活动，每次只能集中注意力8分钟。我不认为"8"是正确的数字，但我确实相信，听众参与活动提高了其学习的兴趣。

听众的参与可以通过提问、征求意见和允许人们表达他们的见解来实现。答案可以贴在活动挂图上（培训师泰然自若地准备在活动挂图上写下评论，这有助于从听众那里得到回应）。记住，开放式问题（以"如何""为什么""在哪里"等开头）比封闭式问题（以"你是否……""你是否曾经……"等开头）更容易引起评论，后者只需要一个"是"或"不是"的回答。

听众的期望

培训师的工作就是满足听众的期望。培训师可能会提前做一个初步的简报，可能是通过电子邮件提供课程内容的大纲，这将会影响学员到达之前的期望。

培训课程（或其中的课程）的第一部分将为整个课程定下基调。在课程开始时，培训师可能会简单介绍一下课程内容，但通常也会给出很多关于课程风格的口头和非口头信号。

一般来说，现在培训课程的风格是：

· 非正式：不是作为一个正式的研讨会或会议。

· 放松：让参与者自然地表现，而不是特意表现出最佳状态。

· 低风险：参与者是否犯错并不重要。

· 商务式：尽管有上述评论，参与者还是要学习的，这需要努力和艰辛地工作。

我在培训开始时使用的一个技巧是，让他们做一些与期望相反的事情，这有助于消除团队隔阂。例如，如果他们希望听一场讲座，屁股坐在座位上半天，那就试着在课程开始时进行一场练习，让大家在房间里来回走动。

培训师将为培训制定行为规范。例如，坐在桌子后面、穿着夹克，和坐在桌子前面（你和听众之间没有任何其他的东西）并卷起衬衫袖子相比，就能给人一种完全不同的印象。

再说一遍，你和听众说话的方式会影响他们的态度。取笑别人提出的问题可能会抑制其他提问者提问的热情；批评他们的贡献可能会让他们产生敌对的态度。

因此，演讲者的行为虽然与内容无关，却可以深刻地影响培训演讲的质量，小心地控制行为会令课程质量更好。

应该选择一天内的哪个时间段？

通常情况下，选择培训演示的时间取决于管理上的限制。一两次（或更多的）课程能让你确定培训效果好还是不好。例如，两个半天的会议可能比一整天的会议效果更好。但如果会议不会持续一整天，时间可能会受到参与者工作的限制。在某个特定的时间发布它们可能比在另一个特定的时间发布更容易。

一方面，咨询师应当考虑培训时间对学员关于培训重要性的认知的影响。如果它穿插在许多日常事务中，那么学员就不会认为它非常重要。

另一方面，如果参与者需要遵守某一紧急指令（来自老板而非咨询师），他们会更加重视培训。

培训时间

培训需要多长时间就应该持续多长时间，然而，在大多数情况下，培训课程需要在上午10点、午餐时间和下午3点左右留出休息时间，除非有充分的理由才能减少休息。判断一个会议应该持续多长时间的能力大多来自经验，但是制订一个会议计划是有帮助的。表10–2是一个半天的演讲培训课程时间表。

记住在培训过程中控制好自己的节奏。如果落后了，你可以在之后的课程中删除一些不那么重要的内容，或让工作时间更长、休息时间更短，这些都可以是最后的选择。

表10-2　演讲培训课程时间表

时间	内容
上午9:00～9:30	全体讨论如何准备和修改演讲稿
上午9:30～9:55	为个人5分钟的演讲做最后的润色（提前准备） 两个大组个人演讲，视频记录（含茶歇）
上午9:55～12:00	5分钟演讲 5分钟讨论 3分钟重放 2分钟意外事件 每人15分钟、每组7人
下午12:00～12:30	全体录制演讲
下午12:30～1:00	全体就主要学习要点进行讨论

参加培训项目的人也会感到疲劳：培训中涉及的体育活动可能与他们的日常工作有很大的不同，需要持续集中注意力。虽然完成了培训课程，但发现很多参与者在几小时前就离开了，这种培训是没有意义的！

物品安置

安置物品的首要要求是让人感到舒适。

对于较长时间的培训课程，为了避免中断，有必要考虑让学员从工作地点转移至其他地方，例如带到酒店，或者最好是专家培训中心。然而，这也有缺点——额外开销增多。

房间布局也可以起到很好的效果。实际一些的考虑，如是否能够看到投影幕布，虽然会影响布局，但桌椅可以用不同的方式排布。表10-3显示了主要的布局。

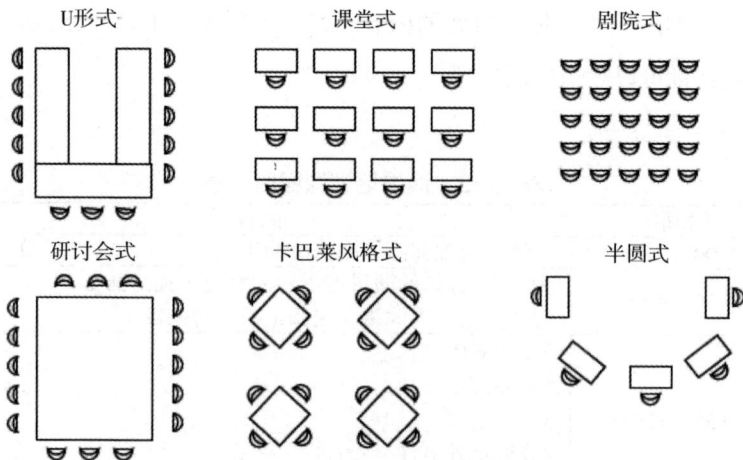

表10-3　选择座位安排

在选择房间布局时要考虑事件的动态性。例如，你是否希望所有的参与者都能看到彼此并进行交流？如果是这样的话，坐成一个圈（例如，围着一张会议室的桌子，或者不那么正式地只是围成一个圈坐）是最好的。或者，你可能想让人们关注你，然后在小组中进行讨论或练习，在这种情况下，卡巴莱风格式的布局是最好的。

确保管理到位

如果你正在进行一个培训课程，那么管理整个课程就是你的责任。如果是这样的话，那就应该优先考虑课程管理。我的经验是，参加课程的学员可以忍受糟糕的培训人员，但不能忍受糟糕的管理。管理的失败比培训的失败要明显得多，所以一定要确保管理是有效的。一个糟糕的演讲者造成的破坏远小于没有安排午餐！

改善培训演讲

你可以使用与其他演示相同的方法来改进培训演讲。然而，在正式的培训课程中，通常会尝试在结尾处收集参与者的观点，这可以对演讲的质量提供有用的反馈。

然而，培训的质量往往更难评估。有些方面很容易评估，但有些方面不太容易评估，可能需要一些时间才能显现出来。如果你做的培训是一个更大的项目的一部分，你可以选择跟进，看看培训效果如何。

在任何评估中都要回答的问题是：培训是否达到了预期的目标？请记住，高评价的演讲并不意味着一定能实现培训目标，但可以相当肯定，糟糕的演讲会导致糟糕的培训。

越来越多的客户会要求你评估培训效果。常用的方法是柯氏评估模型，如下所示：

1. 学员反应：他们对培训的想法和感受（传统的测量方法是在课程结束时的评估，也就是所谓的"满意度调查表"）。
2. 学习的效果：知识或能力的增长。
3. 行为改变：能力提升的程度以及对个人表现的影响。
4. 产生的效果：学员表现对业务的影响。

举办研讨会

　　培训课程和研讨会的简单区别在于咨询师的不同作用。作为培训师的咨询师必须具有相当的指导能力，培训师拥有信息、技能或知识，需要将其传授给学员，因此，他是确定如何进行培训的最佳人选。这并不一定适用于研讨会，咨询师在研讨会中必须更多地扮演协调人的角色。因此，在咨询师行为范围内，这两个角色处于不同的位置。

　　尽管如此，研讨会必须像培训课程一样精心策划。以下是你应该考虑的要点。

1. 研讨会的目的是什么？你也可以考虑对于研讨会议程上的第一个项目，是否应该重申其目的、重要性，并定义其成功的一些标准。
2. 谁应该参加？他们的议程是什么，需要采取什么原则来处理这些问题？
3. 研讨会的议程应该是什么？在培训课程中，培训师可以制定详细的日程安排；相比之下，在研讨会上，与会者很可能对议程的发展方式有强烈的看法。即便如此，你也需要仔细考虑议程上的每一项。培训可能是其中的一项内容，例如，教授参与者一种适用于解决正在进行的工作中的问题的技巧。你可能还需要制订应急计划，以适应研讨会可能出现的不同问题。

4. 应该采取什么后勤措施？例如，如果人们不在公共场所，而是穿着休闲服在一个随意的场合中，为期一天的关于创造新策略的会议可能会更好，因为这些差异可能会促使他们以不同的方式思考。

从很多方面来说，研讨会介于培训课程和会议之间，必须有能力处理好上述要点，才能发挥其效力。

第11章

推广和销售咨询项目

意识到一些问题比没有问题要好得多。

佚名

咨询项目很少会突然出现。任何项目在实施之前都必须先出售。越来越多的组织正在通过咨询师增加自己的资源，并在这一方面积累经验。然而，如果他们要购买你的服务，就需要知道并了解你的服务，以及项目的营销方式。

这对咨询师来说可能是一个挑战，他们中的许多人在选择职业时，放弃了任何与销售有关的选择。他们通常认为，为了销售，必须改变自己的性格，成为一个典型的"高压销售人员"。此外，在运营咨询公司中，你很少会得到像销售成功或失败这样非黑即白的结果，所以会产生对失败的真正恐惧。

首先要做的是让你的思维模式正确。如果你看到这一章的标题，强烈地想要避开这个话题，那么这一章就是为你准备的！许多专业人士会对销售感到不舒服，以体育辅导为例，我们知道如果你对一项活动感到不舒服，就不太可能把它做好。因此，你必须以正确的心态对待销售咨询项目的行为。

正如我们将在本章看到的，成为一个高压销售人员是适得其反的。我们每个人每年都要购买数百件商品，而每一件商品都是售卖给我们的。现在，回顾一下你的个人购买经历，尤其是主要支出的项目，你多久会经历一次别人高压力的销售行为？它在多大程度上是成功的？如果它是成功的，你会愉快地再次与那个销售人员打交道吗？

事实上，大多数人的记忆中"被售卖的东西"是不好的；如果遇到一个好的销售人员，买家甚至不觉得他们正在被"销售"。优秀的销售人员应该是购买决策的推动者。

大卫·梅斯特写了大量有关专业服务的文章，并与查理·格林和罗伯特·加弗德共同推出了一个"信任等式"的概念。这个公式表明，自我导向越强，信任越少。想要不惜任何代价达成销售目标的人有很强的自我导向。而且，尽管这在短期内可能是有效的，但它将摧毁任何建立长期关系的机会。专业公司的大多数业务都是回头客带来的，所以即使你赢得了一单生意，你也会输掉这个客户的其他业务。

信任等式：

$T=(C+R+I)/S$

其中：
  T=信任
  C=可信度
  R=可靠度
  I=亲近感
  S=自我导向

研究（可能还有你的个人经历）表明，成功的销售人员是：

· 那些听取你意见的人。
· 那些积极地帮助你找到满足你需求的产品的人。

以下是销售人员应该遵循的良好规则，有助于提高被要求进行销售的专家的信心，即：

· 仔细听客户说什么，并试着明确他们想要什么。
· 对他们的问题表现出兴趣，并想出你能做些什么来帮助他们。

这就是销售的意义。也就是说，如果你帮不上忙，你应该说出来。

咨询师对销售的第二个保留意见是：对失败的恐惧——完全取决于你如何定义失败。

> 一家大型咨询公司的高级合伙人告诉我们，他们最近损失了一笔大买卖。我们在这次投标中付出了巨大的努力，很明显，我们对这个项目被竞争对手得到感到非常失望。我和我的合伙人要求与客户会面，回顾一下发生了什么。客户对会议感到不安，当我们表明是对为什么没有被选中进行客观回顾时，他明显松了一口气。这一方式激励了这个客户此后提供给我们更多的业务。

这个故事的重点是，尽管交易失败了，但双方的关系得到了加强。咨询师和客户之间的关系就像一座桥，而单独的销售就像从桥上通过的车流。如果没有桥，就不会有交通；相反，没有交通的桥也没有什么意义！因此，赢得一笔交易不应该以牺牲双方的关系为代价。如果你失去了一笔生意，可以做以下两件事：

· 找到一种方法来加强与客户的关系。
· 通过这件事，下次你会给出什么不同的或更好的方案？

推广和销售流程

推广和销售咨询项目属于合同前的活动。

一旦确定了特定的客户，推广就结束了，随即销售就开始了。图11-1介绍的过程同时涉及推广和销售。

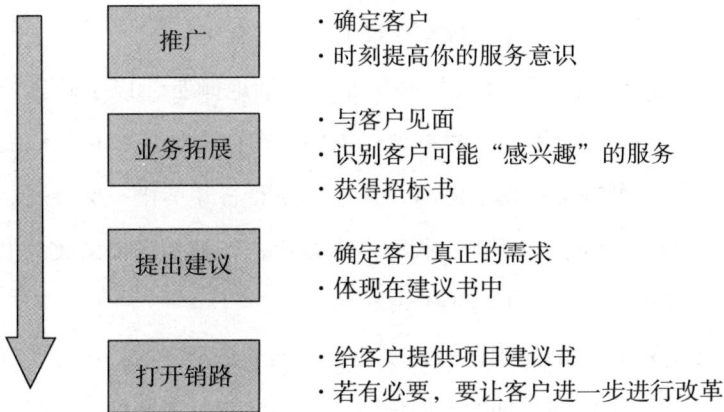

图11-1 销售咨询项目

推广的第一步是确定可能的人以及那些你希望作为潜在客户的企业。它可能不是一项好的投资，因为它不可能满足每一个潜在客户，所以需要有一些基础来选择你要跟进的内容。事实上，销售的整个过程要在每个阶段进行智能的削减，这一过程被称为"质量鉴定"。

下一步是提高潜在客户对你的咨询公司和你提供的服务的认识。如何做到这一点取决于你的咨询公司是什么样的。如果你的咨询公司是一家家喻户晓的企业，那么别人很可能清楚你的方法，但不知道你的具体服务及其创造的价值。一家大型企业可能希望通过大规模的宣传活动，在某个圈子里推广自己，如广告活动、网络广播、举办会议或研讨会。

较小的公司可能没有这样做的资源，也没有知名度的好处，所以可能只是联系目标客户，给他们发送一些宣传材料。这一活动不太有可能直接产生销售项目，这样做的目的是让客户了解你的服务，并让你与潜在客户进行对话。

业务拓展通常以一次或一系列会议的形式进行。这一阶段的成果是获得许可，为开展咨询项目提出建议，但不是不惜任何代价！如果客户不可能购买你的建议书，那么提交建议书就没有意义。

在早期的会议中，销售人员必须非常仔细地倾听，以了解客户想要什么。咨询的一个原则是：根据他们想要的东西向他们出售他们需要的东西。在被许可提交建议书之前，很可能需要召开不止一次会议。这可能需要相当长的时间，例如，我有一个客户，在被要求提交建议书之前，我与他断断续续地开了三年的会。

这个建议书的目的是确保销售成功。建议书是对咨询公司将要进行的工作和实施该工作的条件的书面说明。它还可能包含开展项目的论据以及这样做可能获得的好处。但是构建建议书的内容并不是一件小事，这就是为什么设计项目建议书与打开销路是分开的两步。设计项目建议书需要你发现一些关键要素，这些要素使你的建议书更加完美，不仅满足了客户的基本要求，更是超越了他们的需求。例如，考虑商业环境或者认识到承担项目可能给客户带来的现金流挑战。在某种程度上，销售咨询的过程就是一个产品规格说明的过程。高质量项目建议书设计的艺术在于准确地识别、表达和满足客户的需求。

打开销路就是把你的建议传达给客户。它通常体现在书面文件，即建议书中。建议书可以采用多种格式：基于文本的文件（本身可以是信件或报告）、图示，或者它们的组合。通常情况下，打开销路可能包括发送一份文件（现在通常是通过电子邮件而不是邮寄的纸质文件），然后进行面对面的陈述。

如果到目前为止的销售过程进行得很好，那么建议书可能只是对已经同意的内容的书面确认。同样，如果你就招标书做出符合规定的回应，那么建议书的内容可能已明确。在其他情况下，在提交建议书之后可能会涉及相当多的工作。

例如，可能有一些问题需要回答，建议书可能需要修改或细化，以更紧密地反映客户的需求。有些时候可能有详细的程序来决定是否接受建议书，事实上，建议书可能会促使客户重新评估所涉及项目的性质。

最后，你希望能销售成功。然而，在现实中，这个过程很像一个漏水的管道：并不是所有从一端进入的目标客户都会以客户的身份出现在另一端。每一阶段都有损失，最终为你提供业务的潜在客户所占的比例通常很小，最多只有几个百分点。因此，在你获得业务之前，必须接触相当多的目标客户。这给那些刚接触销售咨询业务的人带来了两条充满希望的信息：

1. 不要因为目标客户没能到达会议阶段或者会议没能提出建议而沮丧，这是正常过程的一部分。

2. 你如果已经确定了正确的目标（并且你的销售技巧不是灾难性的），最终一定会销售出部分项目。

它还告诉了销售人员在利用时间方面的优先次序：在达成销售前最好为销售做出努力。在接下来的部分中，我们将研究每个阶段的其他方面。

推广

产品定义

所有类型的咨询师都必须能够描述他们为客户所做的事情、产品开发，包括细化这些描述的细节。描述可以是具体的，例如，我们是家招聘咨询公司，我们生成了一个愿意并能够填补空缺的候选人名单；也可以是抽象的，例如，作为流程咨询师，我将与您的员工接触，帮助他们更有效地开展工作。

一家咨询公司可能提供的服务取决于其咨询师的技能和经验。"产品"指的是将个人咨询师的能力传递给客户的方法。一个个体从业者可能拥有小范围的简单产品，而一个大公司可能会结合许多咨询师的能力来进行长期的、复杂的项目。产品的选择也会影响销售的规模，一个小的项目可能会出售出几周的咨询时间，而一个大的项目可能会出售出好几年的时间。

同样重要的是确定你不打算做什么。

一位新客户找到我说："我们从XYZ那里得知你的名字，他们在团队建设方面为我们做了很多出色的工作。XYZ不再做这项工作，并推荐了你为我们提供帮助。"XYZ是遵循专注策略的大型公司。这意味着他们清楚地定义了自己将做什么和不做什么。他们为这个客户做的工作非常出色，看起来也是如此，但现在这项工作落在了他们选择的业务领域之外，所以他们拒绝了。我钦佩他们，在实施战略的过程中，拒绝所选择的业务领域以外的有希望的机会是很困难的。

在任何企业中开发新产品最有效的方法之一就是赞助一个产品拥护者。产品拥护者是一个相信产品概念的人，他充满热情和活力，能够将一个想法发展成一个市场化的现实。所以，在咨询公司里，一个热情的产品拥护者要比一个把这项工作看成是家务活的半心半意的人强得多。

决定了你的产品后，推广的目的在于提高公司及其服务的知名度。

推广活动

定义你所提供的服务是很重要的。如果你无法解释自己的服务，客户系统就不太可能理解它们。因此，对于一个新成立的咨询公司来说，制作宣传册是非常有帮助的（我不认为宣传册的作用比一张实质的名片更大；然而，服务的价值在于必须清楚地定义你的服务和它们所处理的需求）。

一旦定义了服务，一些组织可能会被排除在客户之外。例如，没有国际业务的公司不太可能对国际营销感兴趣，服务机构也不太可能对制造控制系统感兴趣。因此，你需要确定一个暂定的概要文件，并定义可能需要服务的客户的组织类型的特征。

通过宣传活动，让这些目标客户了解咨询服务。推广活动包括：

· 推广宣传资料，例如小册子、网站。

· 发送纸质或电子版广告。

· 关于公司及其工作的宣传（包括使用社交媒体）。

· 在学术会议上演讲。

· 举办专题讨论会。

· 在报纸杂志上发表文章。

· 其他宣传，例如书籍、手册、软件、期刊。

这些方法的效果各不相同，你需要积累适合自己的经验。

在最基本的层面上，你需要能够回应询问，并向潜在客户提供有用的信息。因此，你需要一些宣传资料。当然，现在你可以很容易地创建一个网站（而且，由于相对便宜，即使是最小的公司，客户也期望它有一个介绍网站）。

但推广的主要目的是促使客户查询你的公司。你的网站应该设置成，当有人在搜索引擎中输入一定的关键词时，它就会出现在页面上。

更宽泛地说，你需要决定你应该以什么出名，然后在专业上不断努力，在你的市场上实现这一点。产生高质量的询问是因为潜在客户有需求，并认识到你的公司可能是个好帮手。

建立关系网

像上面所示的推广活动一样，你也会有面对面的机会来宣传公司及其产品，这些通常被归类为"建立关系网"。当你可以非正式地接触到潜在客户的时候，你就有了建立关系网的机会。参加会议和其他社交场合都可能会有建立关系网的机会，例如，体育俱乐部的会员资格，这可以让你和潜在的客户产生联系。当然，也有许多专门为促进这一点而建立的组织，例如，几乎每个大城市都会有某种类型的早餐俱乐部。

关系网中很重要的一组人是"联系人"。这些是第三方，他们可以把业务介绍给你的公司。例如，一个会计可能会被要求推荐一个可以在计算机系统的选择上提供建议的咨询师，或者一个银行家被要求推荐一个可以进行销售培训的咨询师。当然，你过往的客户或许会给你介绍大量的新客户。因此，营销的目的不仅是提高客户对你的服务的认识，还旨在让你认识更多的联系人，这样，当他们知道某个组织需要你提供的服务时，就会联系你。

业务拓展

业务拓展就是一种淘金活动。这是一种与潜在客户不断发展的对话，以了解需要共同努力实现互利的范围。

在客户需要咨询服务的当天就能主动与他们联系上的概率很低。推广阶段有助于咨询师熟悉潜在用户，原则上，推广阶段就应该确定他们是否可以合作。咨询公司展示他们的服务，然后如你所希望的那样，客户也会回应："对，我对此很感兴趣。"

因此，业务拓展的特点是咨询师和客户开始就合作范围展开实质性对话。在这一点上，咨询项目的销售员会意识到在客户内部存在一个互补的购买过程。

实际情况是，咨询项目是咨询师和客户之间的合资企业，销售／购买活动是为了解决合资企业的细节问题。这个概念通常对那些刚接触销售的人很有帮助，许多人认为销售是说服人们购买他们不想要的东西。在出售咨询业务方面，情况肯定不是这样的。如果你卖给客户一个他们不需要的项目，你就会有以下风险：

· 参与一个注定会让客户失望的项目。
· 毁掉和客户的关系。

销售咨询包括确定咨询公司和客户之间的重叠利益，以实现互惠互利。

咨询师的能力是他们的客户所没有的，或者说客户没有足够的能力。相反，客户有一大堆问题，咨询师可以帮助解决，但客户在接受外部帮助之前，必须满足以下几个标准：

1. 客户必须认识到问题的严重性，并且必须决定要对此采取措施。措施可以大致归类为补救（纠正错误）或发展（以某种方式推进企业）。问题的概念可能出现在组织内部。或者，咨询公司可以向客户企业提出一些关于他们可能有效解决的领域的想法。

2. 解决问题必须是一个优先事项，客户必须马上采取行动。

3. 客户必须相信问题是可以解决的。咨询师既可以帮助满足这一标准，也可以帮助满足之前的标准：以前认为无法解决的问题现在有可能得到解决，这可以使它成为优先事项。例如，一定程度的缺勤率在所有企业中都是可以接受的；然而，如果人们知道有种办法可以很容易地令缺勤率减半，许多以前有此情况的企业就会寻求这样的方法。

4. 客户认识到需要外部帮助——无论是专业知识、经验，还是专业外部人士的客观看法。

销售咨询服务的部分过程包括获得购买者的同意，即这些标准他们都符合。在销售的过程中，你需要试图让潜在的客户承认这些问题：

· 与他们的业务和需要相关。

· 现在值得关注。

· 可以通过外部力量帮助解决（由你——咨询师提供）。

请注意，客户会考虑与他们相关的问题（在这一点上，值得注意的是，今天的优先事项很容易在明天被遗忘。所有的咨询师都曾遭遇过这样的客户：某一天，他们在一个项目上寻求帮助，第二天却发现他们不急着做这件事了）。销售人员的任务是在这些问题和公司提供的服务之间建立联系。

客户一旦决定启动一个项目并寻求外部帮助，就需要从认识的人或在所需的专业领域享有盛誉的人当中挑选一名咨询师。如果你首先帮助客户找出问题并启动项目，那么你就可以很好地完成任务。如果不是，那么是否赢得这个项目将取决于客户是否了解你和你的声誉。

在哪里努力进行销售

基于这个原因，任何拓展活动的吸引力都可以按以下顺序排列（最不具吸引力的在前）。

1. 电话推销：这个活动中，咨询师应采取主动。咨询师和客户双方互不认识。尽管与下面列出的其他潜在客户来源相比，电话推销没有吸引力，但仍然值得一试，如果没有其他类别的机会，就必须这么做。此外，它可以提供有用的市场数据，即使他们不想买，你也可以和你联系的人进行有价值的谈话。此外，如果目标客户在一开始就明确表示他们不想买，这比让你花大力气去说服一个根本没有购买意图的人好得多。

2. 介绍新客户：现有的客户可以给你介绍新客户，当然也会存在一些"联系人"（其他专业的公司、银行等）可以给你提供介绍。

3. 引荐：引荐和介绍的不同点在于，引荐你的人可能也会需要你的咨询服务，他们也可能是你的旧客户、联系人，等等。

4. 扩展：这是你可能对现有客户系统进行的下一步工作。请注意，完成咨询项目的结果之一是咨询师和客户之间建立了一种不同的、更密切的关系。这意味着当你竞标现有客户的工作时，可以存在一个内部渠道。

一些经验证实了这一排名的有效性。当一个房屋油漆工来找你时，你需要刷漆并希望他立即为你装修的概率是很小的。同样，通过一个特定的陌生电话，成功的概率也是如此。朋友们可能会请一个油漆工来装饰他们的房子并向你推荐他，这就是介绍。如果你想装修房子，随即询问你最近刚刚重新装修房子的朋友，并让他为你推荐一个油漆工，这就是引荐。而扩展就是，你对现有的装修工很满意，要求他为你多做几个房间报价。

咨询公司的销售统计反映了每一种销售技巧的相对容易程度。当前或近期客户的业务可以占到销售额的三分之二或更多。因此，最好的销售机会来源于现有的客户，无论是通过扩展项目还是在其他领域寻找机会。项目的扩展可以通过为满足公司其他部门的重复工作来实现。例如，一家公司可能会请一位咨询师来帮助设计和介绍一家子公司的成本控制程序。成功完成后，咨询师可能会被要求在其他子公司重复这项任务。

扩展工作也可能发生在项目中，从计划中的帮助演变为现实中的帮助。

然而，扩展销售必须谨慎处理。

> 在我的咨询生涯之初，我在一个客户那里看到了开始一个新项目的机会。一位资深同事阻止了我。"我知道他们可以这么做，而且他们需要这么做。"他说，"但这不是他们目前的首要任务。如果我们建议他们从事一个低优先级的项目，作为咨询公司，我们就会丢面子。"

由于大型咨询公司提供的服务范围更广，因此它们通常有更多机会在现有项目范围之外的领域提供帮助。因此，在这方面，一个小的公司如果发现自己不能解决客户的新需求，就可以为另一家咨询公司做联系人，最终也许能得到一笔交易。在所有情况下，推荐（引荐和介绍）将占销售业绩的大部分，只有小部分销售业绩来自电话推销。此外，由于电话推销是最没有成效的销售活动，也是最耗时的销售活动，因此，如果你要启动一项新的咨询业务，你就必须在销售上投入不成比例的时间。

由此得出的重要观点是：对任何咨询公司来说，一项重要的资产就是它的关系网——咨询公司与过去和现在的客户、联系人等的关系。每个咨询师的工作包括创建和维护一个关系网络。

开展销售对话

你与客户的第一次联系可能是通过信件、电子邮件或电话建立的。有些企业可能会发出通用投标邀请书，内含审慎考虑的委托条款和背景简介。对政府部门来说，如果合同的规模超过一个固定的数额，也可能有义务在网站上公布。让我们来看看电话对话。

在第3章中，我们介绍了TDH有限公司的迪克，他正在为ABC有限公司开发一个库存管理系统。让我们回到销售过程（可能已经开始），迪克接到ABC有限公司一位董事的电话询问，这位董事是一位新客户。在自我介绍之后，董事可能会继续道：

董事	"我听说你也许能帮我们解决库存管理系统的一个问题。我们正在考虑安装一个新的计算机系统，需要一些外部咨询师与我们合作。我想你能帮忙。"	迪克可能会询问董事是如何知道TDH有限公司的，例如，是通过网络搜索还是来自另一个客户的推荐？这些信息可以帮助规划未来的销售。
迪克	"我们已经为这个领域中各种各样的客户做了许多不同规模的项目。也许你能告诉我一些贵公司和库存管理系统的情况。"	迪克让董事确定了TDH能够提供帮助。他可能从来没有听说过ABC有限公司，所以需要一些背景资料。

因此，他们开始讨论问题的性质和背景，然后销售过程就开始了。例如，客户将通过迪克对问题的理解和他提出问题的质量来形成对TDH有限公司的看法。

在这个阶段，迪克没有必要提出可能的解决方案，即使这个问题在技术上很容易解决，在企业内部获得认可也可能存在严重障碍。

对话可以这样结束：

迪克	"我想我们接下来可以见一面，不如我们现在就定个日期吧！"	迪克正在调整销售过程的下一步。
董事	"我能回头定下来吗？改天我会给你来电。"	他并不是一个特别有条理的董事，但重点是给迪克回应……
迪克	"好的，如果这段时间我没有听到任何消息，下周能和你联系吗？"	这使得迪克在必要时可以主动再次联系他。

他们需要为这次会议安排一个地点，拜访客户的办公室或工厂可以让你了解很多关于业务的信息，所以要尽量安排至少一次在客户的办公场所举行的早期会议。

设计建议书

有时候，客户对他们发起的项目和他们想要的咨询支持的性质有一个清晰的定义。然而，他们常常可能对需要什么只有一个宽泛的概念，并需要利用与咨询师的对话来弄清楚项目的定义和咨询师可能在其中扮演的角色。

在这些讨论的过程中，咨询师的表现将影响客户邀请他们投标的倾向。销售会议能让客户第一次体验到与咨询师一起工作的感觉。

为设计建议书收集灵感

在承包某一特定项目之前，咨询师将进行初步调查或信息收集，以评估项目的性质和范围。这本身也算是一个小型项目，需要：

· 按定义收集有关问题的数据。
· 对其进行分析，找出关键问题。
· 决定解决问题的方法类型。
· 计划项目如何进行。
· 确定所需的咨询师和其他资源。
· 找出一些关于客户经营和其他背景方面的东西。

在一些项目中，客户可能已经完成了以上步骤。例如，如果咨询师被要求以专家的身份针对进行中的复杂项目做出特定的贡献。在其他情况下，一个多阶段项目的第一阶段可能是初步调查，咨询师对此进行收费，特别是诊断问题本身是有价值的话。

然而，继续上面的例子，我们假设咨询师在项目开始之前参与了上面列出的所有阶段，因此迪克便会对其进行调查，在拜访潜在客户之前，他可能会浏览ABC有限公司的网站，了解公司的报告和账目，以及公司产品的宣传资料，从而对该公司做更多的研究。迪克还可以要求客户提供可能有用的附加信息。由此他可以预先了解ABC有限公司的一些情况，以便在访问期间更好地集中查询。

迪克可以在心里（不以书面形式）列出一份在初次访问中涵盖的要点清单。他可能想参观相关的工厂、办公室，结识一些重要人物。但请记住，这样做并不总是合适的，这是对组织的一种干预，因此，必须在项目目标的背景下加以考虑。

在涉及意见（而非硬数据）问题时，迪克可以和多人谈话，以区分普遍存在的意见和个别的意见。

在初步调查中，至关重要的是要确定真正的问题，而非只是症状。咨询师往往会对自己的能力极有信心，而对客户区分"症状"和"症因"的能力则有些怀疑。之所以常常发生这种情况，是因为事实往往能证明这一点。由此看来，迪克可能会听到以下这些有关库存控制系统的浅层描述：

· 他们想要一个新的基于计算机的库存控制系统。
· 目前的系统是两年前安装的，现在已经过时了，而且一直以来都不令人满意。

进一步调查后，他可能会发现：

· 生产部门和销售部门的人员从不交流。
· 生产部门和销售部门的人员唯一达成共识的就是，他们对IT部门的讨厌。
· IT部门同样讨厌生产部门和销售部门的人员，因为他们不提供IT所需的数据，或者给的数据不准确，有时还会迟交。
· 电脑系统有不足之处。

现在，不管迪克是否向他的客户表达了自己的想法，除非他能让每个人都齐心协力，否则项目不会取得多大进展。除了技术问题，还涉及人员问题，迪克采用的方法必须考虑到这两个方面。

满足客户的需求

在调查阶段，迪克还需要评估他要与什么样的客户打交道，以及他们之间工作关系的性质。

他需要评估客户的质量，他们是否习惯雇佣管理咨询师，且能够管理咨询项目？如果答案是否，迪克则需要提供更多项目管理上的支持，并指导客户有效地利用咨询师。项目是否有可能变复杂？例如，为这个客户开辟一个新的领域，这也会决定咨询师为此付出的时间。

双方都会对客户和咨询师之间的关系的性质做出假设，迪克应特别考虑以下几点：

1. 委托项目的客户职员（我称之为"发起人"）与整个项目的关系是什么？这是他们的创意，还是他们也只是被委托的？如果是后者，那么谁是真正的客户？他们对公司有多大投入？希望达到什么样的个人目标？有没有什么"不成文的期望"？对于那些不太投入的发起人，要谨慎合作。如果项目中有更多初级员工，那便说明他们不太投入，且项目对他们来说优先级较低，咨询师执行项目工作会比较艰难。同样，要注意发起项目时像发起个人运动的发起人。其他人可能乐于看到项目的失败，如果项目失败了，项目发起人可能会认为责备咨询师是一种保全自己的权宜之计。

2. 在项目开始后，发起人将如何参与这个项目？如果他们不是主要的联系人，那么谁是？你与企业之间的回报关系如何？作为一种策略，你应该保持尽可能高的报告关系。在实践中，这意味着即使发起人委派一名下属与你进行日常联系，你也应该确保自己继续将发起人作为客户，与他打交道。原因在于，你完成工作的能力在一定程度上取决于你在客户组织中的人脉水平。

3. 哪些客户员工将与你一起工作？如果有一个"组织协调大王"，这将会对你非常有帮助，他可以作为你进入公司的向导，安排会议，并向你提供内部信息。除此之外，你可能需要一些关于公司发展的建议，毕竟客户应该是自己业务的专家！总之，咨询师需要客户员工的支持来帮助他们有效地工作。客户理解这一点并提供必要的帮助是很重要的。

4. 如何在客户组织内宣传项目？谁应该知情？你应该告诉他们多详细的信息？这将取决于项目的性质，但与其后期处理谣言和闲言碎语，不如主动通知员工。

这些要点需要在项目开始之前加以解决，并且在准备建议书大纲时进行考虑。

打开销路

准备建议书

在进行了这项调查之后，迪克应该收集足够的数据来准备一份建议书，即体现该项目委托条款的文件。

在第一次与某客户合作时，可能需要详细地撰写建议书，但一旦建立了良好的咨询关系，客户可能会对涵盖了经过口头同意的关键点的简短确认信感到满意。

然而，在所有情况下，咨询师都必须详细考虑以下要点，并至少在原则上得到客户的同意（无论是否得到同意都将其记录下来），以便咨询师和客户的期望是相同的。

1. 你对问题的理解：至少要将你收集到的数据反馈给客户。然而，更好的方法是用洞察力解释数据，这样客户就可以从一个不同的、比以前更有帮助的角度看待问题。如果你对一个问题有一个标准的解决方法，那么就尤其需要这样做，这样可以使你的建议书与众不同。

例如，一位客户正在寻找招聘咨询师，并向两家咨询公司提了要求，这两家公司在初次会议上都给客户留下了深刻的印象。因此，客户会根据他们提交的建议书做出选择。一家咨询公司提供了一份标准提案，其中没有任何回应这位客户提出的要求的内容；另一方根据他们收到的要求，对与委托有关的业务问题进行了评估。最后，客户选择了后一家公司。

因此，为了体现公司需要更好的团队合作（这是他需要谨慎表达的一点），迪克对ABC有限公司的问题的理解可能会强调技术问题。

2. 项目的范围和目标。设置项目的边界，以及在这些边界内要实现的目标。如果ABC有限公司不仅有一个办公地点，迪克可能会将项目范围限制在一个地点，甚至是一个产品组，这视情况而定。

目标可能是让一个新的库存控制系统运行良好，但迪克可能会提出更精确的措施，例如对新计算机系统的要求，以及应该在何时安装和运行该系统。

3. 方法：一方面，可能存在一种完全标准化但却脱离实际的执行项目的方法。这没有什么错（事实上，以另一种职业为例，在外科手术台上，我们更希望他们使用标准的、经过充分验证的方法）。另一方面，咨询师不应陷入将客户的问题与自己的解决方案相匹配的陷阱。因此，创新不是必要条件，必须明智地进行。

所以，迪克可能要使用ABC有限公司的标准方法来控制库存，但要创新地引入它，从而实现更好的团队工作。

4. 工作方案随之展开。这离制订计划更近了，在这个阶段应该描述
   主要的任务，至少是大纲。一个项目可以分为若干离散的工作阶
   段，就ABC有限公司而言，这包括：

·新系统的规范。

·新系统的交接和介绍。

·新、老系统并行运行。

·完成系统的全部转换。

在这一部分中，你应该解释客户付款购买了什么，也就是咨询师需
要交付的东西，以及他们期望交付这些东西的时间。例如，一个新系统
将在什么时候设计完成，或者一份报告将在什么时候上交以及它将涵盖
的要点。

5. 该项目的预期效益摘要。这在书面计划书中尤其重要，它可以用
   来向发起人的同事推销项目概念以及你公司的服务。因此，迪克
   可以在这份计划书中以数字表示周转资金的减少，以及预期库存
   水平降低所造成的应付利息的节省。

6. 所需的资源。这将包括咨询师所需的时间和随之而来的费用。对
   于一个多阶段的项目，后期的规模可能取决于第一个阶段的规
   模，即使如此，向客户说明未来的成本可能是有助于预算管理
   的。由于几乎所有的咨询项目都涉及来自客户员工的输入，因此
   也应该有一些来自客户所需资源的指示。

建议书还可以包含大纲计划，但为了本例的目的，我们将假定详细

252

规划是在调查阶段之后进行的，在调查阶段我们会根据时间表详细拟定工作方案。

你可能还需要说明为什么你有资格执行这个项目，可以列出专业技能和执行过的相关项目的经验。在迪克的例子中，他会引用他工作过的涉及库存控制问题的类似项目。一个大型的咨询公司可能会引用它已经完成的工作的摘要，并添加期望从事这项特定任务的咨询师的简历，以显示为什么这些咨询师有资格从事这些特定项目。

是否需要有类似项目的经验或对行业的了解，将视咨询师所从事工作的性质而定。然而，在任何情况下，客户都应该询问大量问题，以确信公司和咨询师有合适的经验和专业精神。有声望的个人或咨询公司同样会急于把工作做好——如果失败，其将失去声誉。一个不好的项目可以抹除掉由100个优秀项目奠定的好名声。

来自其他客户的推荐信可能有助于客户确认新咨询师的可靠性。当然，高风险的项目不应该委托给客户没有完全信任的咨询师。

将建议书看作合同

该建议书也是委托方与咨询方签订合同的基础，因此，它应具体规定：

· 咨询师应完成的工作和可交付成果（如有歧义，请注明需特别注意的工作）。
· 客户必须提供的资源。
· 项目的开始时间和期限。
· 收取费用的依据。

有时，这些内容在项目运行期间可能会发生改变。如果发生了这样的事，还应将变更记录在案，例如向客户写一封信确认变更。

你还需要告诉客户你的业务条款，包括：

- ·如果客户在6个月内没有做出决定，或者最初指派的咨询师已经不在了，你可能需要重新评估一下费用。
- ·在项目进行期间，收费标准是否会有所调整。
- ·支付费用的条件。
- ·任何一方终止项目的条件。
- ·费用和增值税是不是分开支付？如果分开支付，如何收费？其他服务是由客户还是咨询师提供？如果是后者，则需要另外收费。

在这种诉讼盛行的时期，最好在条款中规定对取得的特定结果或任何相应的损失不承担责任。这是否会提供全面的保护尚存争议，但至少有助于消除在这一点上的不确定性。很少有咨询师能保证项目所带来的利益，而书面建议也应反映这一点，例如在提到未来事项时，应使用"应该会"而不是"将要"。

客户可能还需要一些有关机密性的保证。其他条款可能包括版权、专利、版税、其他知识产权的权利以及适用于咨询师的任何限制。如与客户一起工作的同时，为同一行业内的其他客户从事类似的工作是不被允许的（显然，对于一个咨询师来说，在为其主要竞争对手制定营销策略的同时，还为这家公司制定特定产品范围的营销策略是不道德的）。

由谁拿下这个项目

在一些大型咨询公司中，销售人员的工作一直与咨询师的工作分开。如今，由于经常涉及专业化问题和客户的坚持，咨询师通常参与销售过程，至少会参与最后阶段。销售人员可能负责管理客户关系，他们将是客户的第一个联系人，但随后会有一个合适的咨询师来执行项目。

如果负责销售项目的咨询师要参与项目的执行，不会存在过渡的问题。然而，在某些情况下，特别是在一家大公司中，可能需要从销售主管向运营方面进行交接。

咨询师的客户最常抱怨的是赢得合同的高级咨询师的专业能力与实际进行工作的咨询师的专业能力之间存在差距。这一抱怨并不新鲜，安东尼·杰伊（1977）在《哈佛商业评论》的一篇文章《把自己当成客户来评价》中评论道：

> 20世纪50年代，伦敦有一位著名的管理咨询师。他那张粗犷的脸、浓浓的眉毛、深邃的洞察力和透彻的分析，几乎让大公司的董事会无法抗拒。但一旦公司上钩，他就再也没有出现过。在接下来的18个月里，办公室里挤满了大批刚毕业的商科毕业生，他们在公司的资助下完成了管理教育。

在当今世界，同样的说法也适用于大型全球咨询公司。"邀请他们进来。"一位顾客说，"就像打开一盒青蛙，不一会儿就跳得到处都是！"

如果要进行交接，交接过程的一部分应该是对客户和项目的详细介绍。我刚工作的时候，必须在准备完全不充分的情况下开始一个项目，特别是，我不知道客户的首席执行官到底想从我这里得到什么专业知识。在第一次见面时，我们的交流如下：

> 我："我对您期待我在项目中扮演一个怎样的角色很感兴

趣。"（寻找线索）

　　首席执行官："我想让您用自己独特的专业知识帮助我们。"（一点儿帮助也没有）

　　幸运的是，事情最终得到了解决，没有出现不良影响，但提出一个好的要求简况可以避免这个危险的困境。

　　一般来说，交接的问题不只在于缺乏简述，还有：

· 致力于一种销售咨询师知道和喜欢但运营咨询师并不感兴趣的方式。
· 经过更广泛的调查，发现情况与项目开始前所假定的情况根本不同。

　　要求很简单：销售咨询师必须与执行咨询师保持密切联系。

第12章

咨询业务

年收入20镑，年支出19镑19先令6便士，结局是幸福；年收入20镑，年支出20镑零6便士，结局是痛苦。

《大卫·科波菲尔》狄更斯

我曾加入过一家专业咨询公司（不是管理咨询公司），其员工主要是持有正式专业资格的人士（主要是大律师和会计师），偶尔也会有特许秘书。他们都是各自领域的专家，可以为客户提供一流的建议。

　　然而，公司的首席执行官遇到了一个问题。一天晚上下班后，他透露说："我们的利润在下降，此外，我们的现金流很差，正在进行的工作太多了。"

　　当我研究这个问题时，我发现尽管专业人员在他们自己的专业领域内非常有能力，但是他们在创建新的项目方面的效率非常低。这不是能力的问题，而是意愿的问题。那些专业人士会把这些任务放在优先级清单的最低端，而其他任务又总是接踵而至。我看到这一点在专业公司中频频出现，不仅是律师事务所和会计师事务所，也包括医疗公司、研究实验室。我相信，这是一个普遍现象。

　　　专业人士不喜欢行政管理，他们认为这些任务的优先级很低，且如有可能的话会避免做这些事。

　　为什么会这样？这也许是因为专业人士在自己的专业领域学习了很

长时间。他们工作的重点是保证咨询的质量和他们专业知识领域的经验的积累。专业人士的声望增长是因为专业能力，而不是因为他们的行政工作做得好！但如果一家专业公司想要生存和繁荣，其业务管理水平必须达到适当的标准。

因此，本章的目的是说明经营咨询业务的一些重要的商业原则，例如，你组织工作的方式。

你需要记录下自己是如何分配时间的，这可能是件苦差事。需要在紧迫的最后期限内取得成果也可能是困难的，特别是当咨询师沉迷于问题的技术方面时。因此，经营咨询业务的商业原则可能与咨询师避免管理和专注于他们正在进行的项目的倾向相冲突。

咨询业务流程

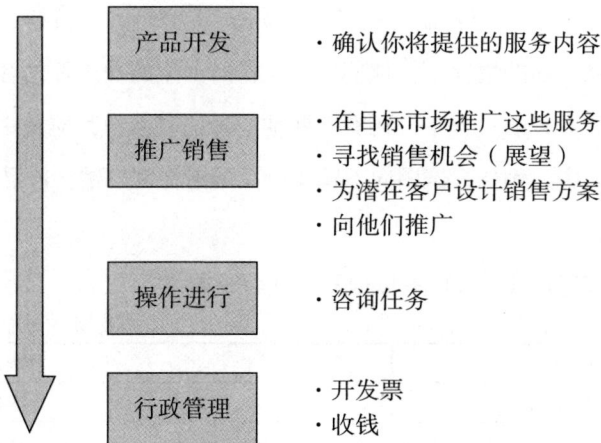

产品开发	·确认你将提供的服务内容
推广销售	·在目标市场推广这些服务 ·寻找销售机会（展望） ·为潜在客户设计销售方案 ·向他们推广
操作进行	·咨询任务
行政管理	·开发票 ·收钱

图12-1　咨询业务流程

图12-1展示了咨询业务所涉及的主要流程，在前文已经详细介绍

过了。必须把时间花在所有这些活动上。在交易中，咨询师的付出是时间，它是咨询业务的"原材料"，在业务成本中所占比例最大。因此，管理时间分配以及如何向客户收取费用，是有效管理咨询业务的核心。

如果新咨询师明白这一点，他们应该能够意识到他们所承受的一些压力，尽管他们不一定享受。或者，如果你打算建立一个咨询公司，了解它如何运作是至关重要的。仅凭提供专业建议的能力不足以确保整个商业行为成功！

我们在前几章已经提及过TDH有限公司，该公司有三位咨询师，汤姆、迪克和哈里特一起工作，并由一名行政助理协助。他们在伦敦郊外租了一间小办公室。他们试图将支出保持在最低限度，因此在需要的时候往往会使用外包来补充他们自己的服务。行政助理负责开具发票、保管账簿、处理问题（咨询师不经常在办公室），并为咨询师提供文书支持。当助理生病或休假时会使用临时员工。

汤姆为来年准备了一份预算。表12-1显示了预期成本的细目。

汤姆为自己、迪克和哈里特制订的基本工资预算为每年6万英镑，年终分红作为补充。在可能的情况下，他们进行工作所产生的费用都由客户支付。但是，在开展业务的过程中，还有一些他们无法收回的其他费用，这些费用也显示在表中，例如，试图向不购买产品的潜在客户销售产品。

表12-1 TDH有限公司：预期成本

（英镑／每年）

咨询师的薪水（3×60000）	180000
养老金、保险（总数的25%）	45000
无法收回的费用	5000
办公室费用	25000
行政助理（包含福利等）	30000
其他支出（市场宣传资料）	15000
总费用	300000

因此，企业的预算费用为30万英镑，至少需要产生这部分收入才能实现收支平衡。事实上，如果汤姆、迪克和哈里特的收入只有这么少，他们会很失望，因为他们希望年收入超过60万英镑。要做到这一点，他们在经营咨询公司时需要遵循三条关键规则：

1. 维持时间收入的比例（利用率）。
2. 谨慎地投资时间，而不是赚取费用。
3. 控制现金。

规则1：维持利用率

汤姆、迪克和哈里特通过出售他们的时间来获得收入，他们不提供与产品相关的服务。因此，他们不以报告的形式出售研究结果，不组织会议或销售电脑专用软件，而这些都是咨询公司创收的其他方式。相反，在进行销售时，他们会估计需要多少天的工作时间，然后乘以每日费率来估计价格。

他们的收入取决于工作的天数。利用率是花费在项目上的时间占带薪日的百分比，需要涵盖所有为公司创收的人。因此，在TDH有限公司计算利用率，行政助理不包括在内。

现在，尽管咨询师一年都有报酬，但并不是所有的时间都可以用于咨询活动。汤姆估计了可用于咨询活动的天数，表12-2显示了他的计算结果。在可用工作日260天中，扣除各类假期和培训时间后，只剩下212天。

如图12-1所示，这一时间不能全部用于赚取费用，它必须分配给全年的产品开发、销售、行政和其他活动。不为这些活动预留时间的咨询公司可能会在大吃大喝和忍饥挨饿之间交替，这对小公司或单一从业人员来说尤为痛苦。在一个项目上全职工作了几个月的咨询师没有时间发展进一步的业务，因此，在项目结束时，他没有任何事情可做。随后有一段时间没有收入，同时寻找下一个项目，然后这个项目又占据了他们的全部时间。这种效应随着人数的增加而减弱，而独立的专业人士有时会通过正式或非正式的工作伙伴来消除这种影响。

表12-2　TDH有限公司：每位咨询师每年内可用的工作日

	天数
总可用工作日：52周×5天	260
法定节假日（8天）	8
年假（25天）	25
病假	5
专业进修	10
总不可用时间	48
总可用时间	212

利用率水平将取决于咨询业务的性质。近年来，大型咨询公司经常承接非常大的项目，但实际上，他们是分包商。这使他们能够为所涉及的团队成员实现非常高的利用率水平，这些成员可能一次被分配到相同的项目中很多年。管理咨询公司是不同的，它的利用率水平要低一些。管理咨询公司常用的一个很好的经验法则是，使所有专业人员（从级别最高的到级别最低的）的平均利用率达到60%，即每人每年工作156天（260天×60%=156天）。超过意味着更多的收入，但你必须注意剩余的时间足够你进行非收入活动。

当然，在大型咨询公司中，工作不是均匀分布的。资历较深的人可能会比资历较浅的同事花更多的时间在营销上，而资历较浅的同事则会花更多的时间来赚取费用。因此，在一个大公司里，高级咨询师每个月可能只花几天的时间来赚取费用，而初级咨询师可能全职从事这项工作。

相比之下，没有分包给其他咨询师的唯一从业者通常会发现，他们每年要工作100～140天，并收取费用。

确定报酬率

汤姆还必须决定收取的报酬率，他知道咨询师每天的收费从500～2000英镑不等。

因此，假设汤姆、迪克和哈里特在一年中分别赚取156天的费用，他必须分析根据不同收费，总收入可能会如何变化。

结果如图12-2所示，它显示了每年的收入如何随不同的收费而变化。如表12-1所示，预计总成本为30万英镑。收支平衡点（收入等于成本）是每天比640英镑多一点儿，所以收费要比这个高。

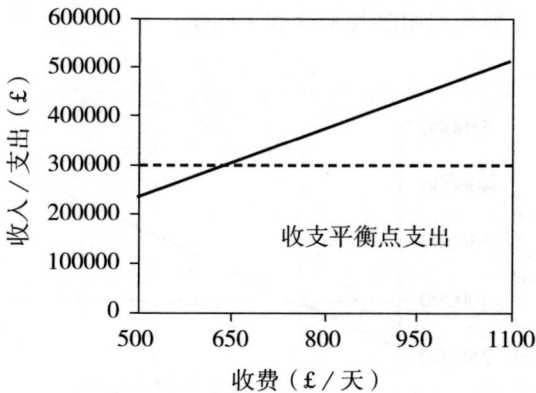

图12-2 在利用率60%的情况下，不同收费下的收支平衡图

根据经验，汤姆应该知道他公司的大多数现有或潜在客户可以接

受多少收费，但实际上，有些人可能愿意多付钱，有些人则愿意少付钱。因此，他为平均收费做了预算，假设每天750英镑。他计算利润如表12-3所示。

表12-3　通过预计利用率实现的利润

	£
收入：156天×750英镑／天×3人	351000
支出（依据表12-1数据）	300000
利润	51000
如果利用率只有50%而非60%，利润将会降低：	
	£
收入：130天×750英镑／天×3人	292500
支出（依据表12-1数据）	300000
利润	−7500

然而，表12-3还显示了低于预计利用率的影响。因此，汤姆需要做进一步的分析，以显示不同利用率的影响，如图12-3所示。然后，汤姆会发现他的收支平衡利用率几乎达到了52%。

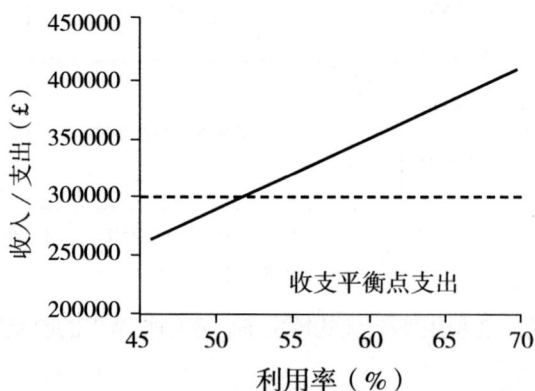

图12-3　每天收费750英镑时不同利用率下的收支平衡图

因此，利用率是所有咨询公司需要控制的关键因素。收入取决于利用率和平均收费。虽然平均收费是在不频繁的基础上设定的，可能每年设定一次或者在项目开始的时候设定，但利用率必须控制在每天的基础上。本来可以用来赚取费用的一天，一旦在利润较低的活动中过去，就永远无法收回。

我有一个建筑师朋友，在家里工作。虽然他声称不能承担更多的工作，他的收入并不高，但事实上，他是一个伟大的陶艺家，他会在家里找一些奇怪的事情做，读一些文章，在电脑上玩游戏，他每天工作时间可能不超过两小时，至多三小时。通过增加每天工作的时间，他可以轻松地使收入翻倍。但是这就是他，他并不希望，也不需要改变生活方式。

在商业咨询公司中，这种自由几乎是不可能的。如果一个机构要兴旺发达的话，咨询公司就有压力或者应该有压力，将利用率保持在似乎很高的水平。

不可用时间

但是不赚钱的时候呢？现在，让我们回顾一下表12-2中关于不可用时间的假设。

假期和工作周

我们假设25天的年假和8天的法定节假日都不上班。

休假对公司和个人都有好处。休息一段时间后，咨询师回来时精神抖擞、充满活力。人们很容易推迟或放弃假期，尽量避免这种诱惑。通常，休息的好处只有在回想时才会意识到。

我们还假设每周工作5天，咨询师的工作时间总共1天。把预算建立在让个人付出过多努力的基础上是错误的。长时间工作、周末工作、不休假等，是完全错误的；花过多的时间在工作上并没有内在的好处，事实上，它可能会适得其反。

> 我的一个朋友在一家颇有声望的管理咨询公司工作。一个周日，他在办公室工作了一个上午后，在午餐时间出现在我面前。我问他这种情况是否经常发生，他是否因此得到了"印象分"。他的评论是，这取决于你现有的声誉。如果是好的，别人就会认为你是在加班；如果很差，评论会是，"他必须通过周日工作来跟上团队的其他成员"。

人们更多地关注工作和生活的平衡。当咨询师在外地工作时，这方面的问题尤其容易出现；长时间地工作会使人衰弱，对个人生活和工作造成严重破坏。因此，咨询经理应该尽量安排好工作任务，以便咨询师们能够在外出工作和每天晚上回家工作之间取得平衡。咨询机构使用各种公式来涵盖这些问题，例如：

1. 7-7公式：咨询师周一早上7点之后才出门，周五晚上7点之前应该能到家。这可能意味着咨询师直到周一午餐时间才出现在客户的工作地点，周五午餐时间就离开了，需要与客户设定适当的期望值。
2. 5-4-3公式：咨询师每周有5天时间为客户工作，其中4天是在客户的办公地点，有3个晚上不在家里。

显然，有些情况下不可能或很难遵循这些公式，而有些情况下不可避免地需要加班。但这些应该是例外而不是规则，是对不寻常的情况或高峰工作量的反应。

病假

理想的情况下，从企业和个人的角度来看，不应该因为生病而浪费时间。在这个例子中，病假天数是根据过去几年的平均水平做出的。病假如果少了，那是好运；如果更多，那就是坏运气。

专业进修

专业进修不仅包括正式的培训课程，还包括参加会议、在职教育等。基于日常工作来看，其他的活动很容易比专业进修的优先级高。不工作的时间对咨询师而言是一个很容易衡量的机会成本，所以培训是非常昂贵的。然而，咨询是一个以知识为基础的职业，咨询师应该维护他们的知识财产。这些知识部分可以通过他们的工作经验来获得，但是需要分配时间来参加进修、会议以及更新课程。

也可以把时间花在内部经验分享上。对于任何以知识为基础的组织来说，其中一个关键的活动就是获取个人经验，并使其在集体中可用。

此外，专业机构每年都会花费时间在专业进修上。表2显示会有10天的专业进修时间。

重要的是，要认识到咨询行业不仅要争夺客户，还要争夺人才。近年来，人才管理越来越受到重视。咨询行业要想生存和发展，就需要吸引和留住高素质人才。吸引优秀人才的部分原因是良好的持续专业进修课程提供了发展技能和能力的机会。

规则2：谨慎投资不收费的时间

在表12-2的例子中，各类假期和专业进修的预算是每人每年48天，剩下的212天，其中156天是收费的时间。剩下的56天该如何分配？

如图12-1所示，不收费的时间须分配给：

· 产品开发。
· 推广销售。
· 行政管理。

产品开发

咨询"产品"是为个人或公司提供的服务。第11章介绍了产品开发，在这一点上，我们需要考虑隐含的时间要求。

咨询服务确实过时了，需要更新，而且与其他所有业务一样，需要投入时间。需要谨慎地关注这种投资，也许在这个领域是最容易浪费时间的。

产品开发可以作为一项具体的活动进行，但往往会结合理论开发和操作经验。因此，在实践中，花在产品开发上的时间被用来包装咨询师的能力和经验，并指导他们满足客户的需求。产品开发可能包括为计算机开发软件、一个特定主题的培训课程，或者，作为一名律师或会计，利用法律的变化来造福客户。而且，在一个咨询项目的最后，可能涉及花费时间评估从项目中学到了什么，以及如何将其应用到新的项目中。

为产品开发分配时间的规则是，计划应该适合资源，而资源也应该适合计划。在商业咨询公司中，用于产品开发的时间通常是最少的。

推广销售

推销你公司的服务和为客户提供的服务一样是一个项目。因此，它需要良好的项目管理方法：一套目标、实现这些目标的计划、分配的资源和监测进展的控制措施。因此，营销时间的预算将取决于营销项目计划。

对于TDH有限公司（可能还有更大的公司）来说，这是一个妥协和寻找机会的过程！

在实践中，销售工作和赚取费用可能优先于推广，因为它们更接近实现现金收入（见图12-1）。因此，市场推广的时间可能不够，但必须有最低限度的活动以确保未来。

因此，在准备预算时，汤姆应该在分配时间到市场推广之前，先看看要花多少时间在销售上。

销售花费时间，但却不总能成功。因此，必须谨慎对待花在销售上的时间。

几年前，在咨询行业陷入衰退期间，我注意到有一群销售人员似乎把很多时间都花在了办公室里，而不是和客户在一起。一个销售人员对我说："做一个忙碌的傻瓜很容易。人们很容易在全国各地奔波，会见那些没有希望做生意的人，这会产生不必要的成本。我们正集中精力寻找和销售好的前景，并把剩下的时间花在长期营销上。"

赢得招标书或投标邀请书的时间取决于销售的有效性。很难将成功与具体的市场营销活动联系起来，但分析销售业绩是明智的。分析可以显示成功销售的模式，并依此提高销售水平。

就预算时间而言，需要了解成功计划书与总计划书的比例。一般来说，向现有客户销售总是比较容易的，你已经得到了他的信任，因此他们更倾向于使用你的服务。这可能反映在你的经验中，例如：

- 向现有客户提出的建议有90%被接受（这被称为"拓展销售"）。
- 向新客户提出的建议有50%被接受。

这些数字可以应用于TDH有限公司的例子中。汤姆的预估如表12-4所示。

表12-4　TDH有限公司：销售预估

平均销售规模：	4周工作（20天）
平均销售规模的价值：20天（£750／天）	£15000
假设90%的新销售能产生扩展销售。在扩展销售达到以下要求的情况下，新的销售是值得的：	
新销售价值	=£15000+（90%×£15000） =£28500
所需的新销售数量=收入需求÷新销售价值	=£351000÷£28500 ≈13（向上取整）

假设有关新销售的建议只有50%有效，预估显示将需要26个关于新销售的建议和13个扩展建议。

因此，需要为这39个建议留出时间。比方说，假设确保招标书、创建和提交建议书平均需要2.5天的销售时间，预算中用于销售的总时间为2.5天×39＝97.5天。

270

当然，这只是为了预估；销售规模可能不同，成功率也不同。在经济衰退期间，需要更多的努力来确保销售成功——市场可能会萎缩，竞争将会加剧，而机会将会减少。

行政管理

最后，应该给企业的行政管理留有时间（这不包括与具体项目有关的行政工作，如开发票、写信或校对阅读报告，这些时间应计入适当的项目）。

企业需要花时间来规划和回顾其发展。例如，如果他们接到了大项目，TDH有限公司可能会想要增加更多的咨询师，并需要时间来招聘。

汤姆在预算中规定每人每月半天的行政管理时间。

对于汤姆、迪克和哈里特来说，在他们的咨询业务中，年度预算如表12-5所示。

表12-5　TDH有限公司年度预算

	每人每年的工作天数
净可用时间	212
营收	156
销售	32
推广	10
产品开发	8
行政管理	6

管理个人绩效

当然，分配给不同活动的时间可以根据个人和他们的强项而定。除了最初级的咨询师之外，大多数咨询师将承担多种职责。表12-6显示了如何区分不同角色的时间分配。

以下是一些重要的特征：

· 即使是那些主要扮演管理角色的人也会花时间在销售和交付上。
· 除了经验最少的咨询师，那些参与交付的人将被期望为销售做出贡献。

表12-6　个人时间分配

不同角色	销售	交付	公司发展
咨询师A——交付人员	25	187	0
咨询师B——强劲的销售人员	160	30	22
咨询师C——公司领导	50	75	87
咨询师D——新咨询师	0	212	0

这种对时间投入的衡量需要与这项投资的产出相辅相成。对于交付来说，它只是赚取的全部费用。这可能由等效的每日业务报酬率决定。例如，如果报酬率是每天1000英镑，那么咨询师A一年所得则为18.7万英镑。

销售目标更为复杂，因为它们取决于咨询师的角色。专业咨询公司常常把咨询师简单地分成"发现者"（主要工作是找到新的业务）、"照顾者"（主要工作是维持现有客户）和"员工"（主要工作是赚钱）。表12-7说明了这一点（注意，这些数字与表12-6无关，并假设每年有200天在销售和交付之间进行分配）。

表12-7　销售和收入的个人目标

		新的销售	扩展销售	收入
发现者	分配的时间	120	40	40
	销售的时间	600	400	40
	转化率	5	10	1
照顾者	分配的时间	40	80	80
	销售的时间	120	400	80
	转化率	3	5	1
员工	分配的时间	10	30	160
	销售的时间	30	120	160
	转化率	3	4	1

公司的发展不太容易受到通用目标的影响，例如，通用目标可能与开发操作手册、销售辅助资料、团队招聘以及其他相关活动有关。

规则3：控制现金

咨询公司有两个不利于控制现金的方面。

首先，费用主要是固定的，而且由于大部分与工资有关，因此很难通过延期支付让债权人来筹措营运资金（应对方法有很多。有些公司通过将工资发放日期提前一周来增加现金；另一些公司拖欠的工资很多，不像大多数公司在当月支付工资）。

TDH有限公司可以通过只担保汤姆、迪克和哈里特薪酬的一部分，从而使他们的支出更加可变；余额在财政年度结束时作为利润份额支付。尽管如此，无论公司的业务水平如何，现金还是不断地从公司流出。

其次，在项目进行的过程中，从销售到收款之间通常有相当长的时间间隔。比如：

6月：项目售出。

7月：项目开始收费。

8月：6月收费项目发票寄出。

9月：收到付款。

6月、7月、8月的工资先发完，才能在9月收到这项工作的收入。

其结果是，除非采取特殊措施避免这种情况，否则大量正在进行的工作——为客户完成的尚未收费的工作——就会增多。

每月收支预算为：

· 花费：£300000 ÷ 12 = £25000

· 收入：（156天 × 3）÷ 12 × £750 = £29250

需要注意的是，上面的收入只是在工作中增加的数量，而不是真实收入。只有在客户为工作开具发票并付款之后，现金才会到达。在某些情况下，客户可能直到项目完成才会开具发票，这是现金流最坏的情况。例如，一个客户欠TDH有限公司5万英镑的费用，若该客户延迟付款、拖欠付款或对这些费用提出异议，TDH有限公司将很容易受到影响。事实上，在以往的历史中，有几家公司故意给他们的咨询师制造纠纷，以减少未付账单的金额。

因此，在可能的情况下，明智的做法是在项目的固定阶段要求客户支付账单，比如按月支付。即便如此，所需的营运资金通常约为3个月的花费，因此，TDH公司将需要大约7.5万英镑的营运资金。

如果他们通过聘请另一名咨询师进行扩张，这一比例将会上升。每月现金流出将增加5000英镑以上，还需要1.5万英镑的营运资金。请注意，这是他们预算利润的很大一部分。这是一家不断扩张的咨询公司的典型做法：前几年的盈余可以很快用于为正在进行的工作提供资金。

有些公司要求分期付款的频率比一个月还高，但这当然意味着管理工作量的增加，不适合分散的项目。另一种方法是按预先确定的正在进行的工作水平计费，例如TDH有限公司每隔10000英镑计费。

另一种可能是提前部分付款。从你的现金流的角度来看，这是很理想的，但对客户来说则相反，因此不太常见。但对委托人的支付能力或意愿有疑问时，咨询师可以要求至少预付一部分款项。在汤姆的预算中没有为不佳的债务做准备，他依靠他的信贷控制质量来确保它们不会发生。

这三项规则在实践中意味着什么？

有经验的咨询师熟悉这三项规则的后果；那些刚进入咨询行业的人，特别是那些以前没有从事过专业工作的人，会因为受到管理纪律的限制而意识到它们的存在。以下总结了这些规则所导致的咨询业务的一些特点。

规则1：维持利用率

给咨询师造成压力：

·记录他们是如何利用时间的。
·维持可用工作的时间比例。
·在分配的工作时间内完成项目。

・要求他们不断记录日程，以保证利用率。

规则2：谨慎投资不收费的时间

一些除赚钱以外的活动一定会花费时间，但想要做好，必须：

・严格控制投入的时间，同样的原则也适用于有偿工作。
・与其他工作相比，有正确的优先顺序。短期内，有偿工作总是比无薪工作优先，但长期忽视无薪工作将对企业不利。

规则3：控制现金

现金控制对咨询师来说是一件苦差事，最好有一个从客户那里开具发票和收取现金的系统，且几乎不需要咨询师的努力。然而，如果不这样做，本规则的要求是：

・在项目开始时与客户商定付款条件。
・如款项数额较大或期限较长，应坚持分期付款。
・确保你方遵守本协议，不要在其他活动中忽视发票。
・监控每个项目中正在进行的工作的成本，以确保它不会变得太大。

专业人士在过渡到商业咨询的过程中遇到的主要困难来自企业的商业环境。为了使咨询公司能够生存和发展，为了使专业人员能够实践他们的专长，必须遵守这些规则。

第13章

企业环境

你怎么能指望治理一个有246种奶酪的国家呢？

夏尔·戴高乐

在过去的20～30年里，企业削减成本导致了其在开发非常规资源项目方面的能力下降。这意味着越来越多的企业机构不得不从外部为大型项目寻找资源。这使得近年来提供咨询服务的咨询公司和组织数量大幅增长。

这一章主要囊括咨询师在一家咨询公司工作的内容。因此，无论是那些正在考虑从事咨询业的人，还是那些想做出职业决策的咨询师，以及那些参与管理公司的决策者，都应该对其感兴趣。

然而，在考虑这一点之前，值得反思的是，为什么咨询师需要集合在一个机构中。因为建立关系网络有明显的好处，如图13-1所示。

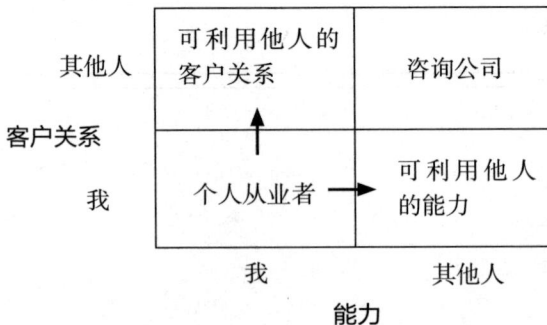

图13-1　组织影响力

这表明协同合作提供了杠杆作用：咨询师可以将同事（具有不同能力的人）介绍给他们的联系人，而他们自己也可以在同样的基础上被介绍给同事的客户。这两个过程都增加了公司的业务量。

成为一名咨询师

有时，一个组织会继续使用前雇员的服务，以便可以继续吸取他们的建议和经验。在这种情况下，"咨询"只是指两者之间的契约关系。它通常意味着个人没有福利或持续就业的保证，这可能是临时的、兼职的。

显然，这描述了咨询师和他们的客户之间的关系，但是如果你看完了这本书的话，你会意识到咨询师的意义远不止这些。咨询师可能参与了一个项目，并签订了合同，投入了时间，有了交付成果的输出。要做到这一点，咨询师需要咨询技能，需要在工作中采用专业的方法。因此，在本章中，我们将把咨询视为一种职业，而不仅仅是一种契约关系。

声誉的基础

咨询师只有在潜在客户接受他们时才能成功。这种声誉可以来自个人，也可以来自他们工作的组织。

一个极端的情况是咨询师是一位专家。专家是指因其专业知识而获得实质性声誉并因此被聘请为咨询师的人。人们会寻找专家来回答问题："谁是能帮助处理这个问题的最佳人选？"他们的个人声誉将在很大程度上独立于他们所属的机构。在许多情况下，专家通过发表论文、写书等方式推销自己。

与之相对的是"雇佣管理层"，那些在职业生涯早期就进入咨询行业的人，通常知识丰富，但缺乏经验。他们可能会加入咨询公司，在更有经验的专业人士的监督下提高技能。雇佣管理层之所以能保住自己的工作，是因为他们在一个咨询公司工作，而不是因为他们自己的声誉，尽管随着他们变得更有经验，这种情况可能会改变。内部咨询师可能也处于类似的位置。

独立咨询师是两者的结合。他们通常会作为助理或在小公司工作，或通过人际关系网、以前的客户等获得工作。

咨询行业的职业发展

只是在最近几年，一些以前没有从事咨询工作的人才想成为咨询师。现在进入这个行业有两个入口。

那些直接进入咨询公司并将其作为第一份工作的人可能会以分析师的角色工作——向更有经验的咨询师报告，并被分配预先定义好的工作内容。一段时间后，他们将担任初级咨询师的角色，那些以前在咨询公司以外有工作经验的人刚加入咨询公司时也是这个级别。

对于刚进入咨询公司的人来说，他们在公司的职业发展至少要经历三个阶段。

1. 做一些运营工作。在开始收费工作时，咨询师不会对自己的工作挑剔，他们会乐于获得经验，并学习作为咨询师的技能。
2. 做有趣的运营工作。随着经验的增加和信心的增强，咨询师们对所能承担的任务会更加有选择性。
3. 发展除了运营咨询师外的其他职能。咨询行业的职业发展包括以下三个领域中的一个或多个：

·承担商业责任——赢得新的业务并管理与客户的关系。

·负责更大规模、更复杂、更有风险的项目。

·拥有对公司和客户特别有价值的专业知识领域。

后两项任务可能会占用有经验的咨询师相当多的时间。

在这些领域的发展中，咨询师对公司的价值越来越大。事实上，如果不能以这种方式发展，公司可能会建议个人离开。在咨询公司或任何专业机构中，向上或向外的做法并不少见。这并不苛刻，这是现实的：如果要满足不断增长的薪资期望，咨询师需要体现出更大的价值。

并非所有的咨询师都有能力或有意愿进入第三阶段，因此在咨询公司从事长期职业是例外而非规则。究其原因，首先，很多人进入咨询行业的意图是历练三四年后带着经验离开，他们确实做到了。其次，由于经济原因，个人加入或离开的压力相当大。随着年龄的增长，人们对薪水的期望值越来越高，一位42岁的咨询师会期望自己的收入超过32岁的咨询师，如果两人对公司的价值都差不多，那么公司就有经济动机用更便宜的人取代更昂贵的人。另一种选择是，作为一名专家、一名业务开发人员或一名咨询经理，较长的服务时间可以增加其价值，但这并不总是可能的。

相反，他们可能决定不想再担任咨询师，而是带着他们所获得的经验回到非咨询行业。这可能发生在咨询师的各个职业阶段，包括高级职位：合伙人或咨询公司的董事晋升为上市公司的董事或公共部门的高级职位。

另一种退出途径近年来越来越普遍（也是我个人一直遵循的），就是成为一名独立从业者。

这条路对于那些想在咨询行业发展而不想在大型咨询公司担任高级职务时承担管理、行政活动的人来说是理想的选择。许多独立从业人员和为小公司工作（实际上已经开始）的人都是大型咨询公司的毕业生。

因此，进入咨询公司的新咨询师应该仔细考虑他们的下一份工作可能是什么，以及"退出窗口"何时出现，如表13-1所示。

表13-1　退出窗口

退出窗口	工作年限	评论
1	2~4	学会基本的咨询技巧，并在经营经验上达到收益递减的程度。
2	3~7	应该承担项目管理、业务开发和内部管理角色。如果继续从事咨询业超过这一水平，可能会使你更难找到咨询业以外的工作。
3	7+	职业选择变得越来越少，可能仅限于专业或类似咨询的职位，除非你处于所在公司的顶端。

退出窗口的时间会根据你的专业和市场情况而变化。除了这些听起来非常令人沮丧的情况，让人放心的是，许多（如果谈不上大多数的话）咨询公司的顶尖人士当初都以为自己只会在这个行业中待很短的一段时间。

独立从业者拥有行动自由的优势，而且会比受雇的同行赚更多的钱。然而，进入咨询公司的好处是：

· 与其他专业人士一起工作：独自从业可能会非常孤独。

· 接受培训：如果你是咨询行业的新手，最好了解在一个有咨询专业知识的环境中业务是如何运作的。

· 避免行政工作：作为一个独立从业者，你需要自己完成所有的行政工作。

· 避免饥饱交替：独立从业者必须先获得合同再执行，这使他们经常处于饥饱交替的状态；在运营的同时，他们不会销售，因此当目前的合同结束时，他们会没有收入，直到下一个项目出现。

· 专业发展的范围：客户购买的是咨询公司和个人咨询师的专业知识，如上所述，这给了个人更多的空间，以他们的专业知识在新的商业领域发展。

咨询业务的模式

理解咨询业务十分重要。可以把咨询业务看作是一个价值交换的过程。图13-2展现了发生在个人咨询师、咨询公司和客户之间的这个过程。

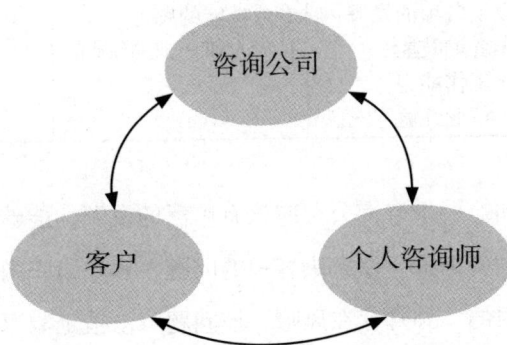

图13-2　咨询业务中的价值交换

表13-2显示了三者所涉及的事务。以下是对这些问题的评论。

在客户和咨询公司之间

这并不是说每个项目都需要聘请外部咨询公司：客户可以使用自己

的员工或雇佣所需的人手。客户选择咨询公司的原因如下：

· 他们带来的能力意味着他们可以把项目做得更好。在这种情况下，"更好"不仅意味着产出的质量，还可能与时间、风险、客观性或许多其他因素有关。

表13-2　价值交换：涉及的交易

给予 ＼ 来自	咨询公司	客户	个人咨询师
咨询公司		费用收取 公司专业技术和信誉 产品开发机会	收入 知识 业务开发
客户	能力 问题导向 技术转让		专业知识 过往的经验 知晓如何去做
个人咨询师	薪水 以下各项的发展： ·咨询技能 ·工作能力 ·行业经验	行业经验 专业技能的练习 扩大专业知识网络	

· 问题导向。一个咨询公司应该有广泛的资源，能够提供足够的拥有技能的咨询师，以解决客户的问题。客户组织内可用的资源通常是有限的，并且存在风险，该问题可以被定制以匹配可用的解决方案。

· 咨询公司可能有一种特定的方法，这种方法适合且只对客户可用。或者，咨询公司可能在客户需要帮助的特定专业领域有杰出的声誉。在这两种情况下，通过与咨询公司一起工作，客户不仅能完成项目，而且能学习到新的方法。咨询公司在这方面的任务是促进技术转让。咨询公司所做的就是利用技术（即客户组织中有限的或没有的知识或专门技能），并将其应用于客户的问题中。因此，咨询公司需要计划获取技术，无论是通过人员（通过招聘）、知识（通过培训和与学术界的接触），还是经验（通过以前的工作）。

咨询公司能从客户／咨询师关系中得到什么？

· 收入——服务得到的薪资。

· 公司的专业知识和信誉。咨询公司从过去进行的项目中积累经验，并在引用这些经验时保证其专业性。这种专业知识可以集中于特定的市场以及专业领域。

· 咨询不应该是盲目地使用标准方法，大多数任务都需要在某些地方进行一些创新。然而，在某些项目中得到证明的原始方法在其他地方的应用中可能是有用的。例如，假设在一个项目上开发了一款计算机软件，该软件可能适用于其他项目，而且它的可用性可能是一个卖点。因此，承接客户的工作为咨询公司提供了开发新产品和服务的机会。

通过咨询公司与客户之间的交流，可以深入了解咨询公司的管理方向。咨询师是将价值从咨询公司传递给客户的媒介，用通俗的话说，咨询师就是产品。产品有生命周期，专门的咨询公司也有生命周期。

举个例子，今天提供的咨询服务与30年前几乎没有什么共同点，但30年很可能是一个咨询师职业生涯的跨度。在这段时间里，他们必须确保自己的咨询服务仍然是一个有吸引力的产品，可以被雇主推销，被客户购买。这意味着要持续更新最新的信息，保持对有资金购买的市场具有吸引力的特殊技能。咨询是一种可能存在从业者技能过时现象的职业。

个人咨询师和咨询公司之间

所有咨询师（或未来的咨询师）有时都会考虑是作为一个独立从业者还是加入一个咨询公司去从事咨询工作。

个人从咨询公司得到的不仅仅是报酬。许多人成为咨询师是为了获得一个实用的业务"研究生"资格，从而希望提高他们的价值和对未来雇主的吸引力。

当被聘为咨询师时，个人通过发展以下方面获得收益：

· 咨询技能：从这本书的内容可以明显看出，从事咨询师需要特殊技能，咨询师需要通过一段时间的工作来发展这些技能。

· 工作能力：大一些的咨询公司可能会聘用一些没有专业知识或经验，但有很大潜力的人，并对他们进行开发。在所有的公司里，个人都应该以发展自己的专业能力为目标。一位最近离开咨询公司的前同事表示，他早就忘记了公司管理层中有多少是行政管理。咨询可以通过集中的经验积累专业技能。在多名咨询师中工作的一个优势是，能让咨询师接触到其他专业领域。正因为如此，在一个咨询公司里，你有可能从事与你的专业知识相近的项目，从而拓宽专业知识领域。

· 行业经验：咨询师将与各种各样的客户一起工作，因此，与在同一时期从事行政工作的人员相比，他们将深入到更广泛的行业环境和商业部门。

值得注意的是，近年来，咨询公司的特点已经发生了变化，因为咨询公司可以花时间与任何单一客户合作。这是一个深思熟虑的策略，在大型咨询公司出售项目，需要工作多年的咨询投入。这就意味着一个咨询师可以在一个特定的项目上工作几个月，甚至几年。这并不能提供吸引他们进入这个行业的丰富经验。这种现象不仅局限于大公司，不久前，我遇到一位咨询师，他在一个有20名咨询师的公司工作，为同一个客户和项目工作了3年多。

在高级级别上可以有更多的变化，但即使在这里，大型公司中的合作伙伴也可能会发现他们在完全与一个主要客户打交道。

以下是咨询公司从个人咨询师那里得到的东西：

· 通过为客户工作而产生的费用收入。
· 他们的知识：可以通过培训和使用其他咨询师，从而发展更大的内部能力。
· 业务发展范围：有工作经验的咨询师将有自己的关系网络，为咨询业务的推广提供一定的范围。

客户和个人咨询师之间

虽然赢得合同的可能是咨询公司，但执行合同的会是个人咨询师。客户将从个人对项目的表现来形成对咨询的意见，也是个人为客户增加价值以换取公司的费用。客户需要的是咨询师的专业知识、过去的经验。客户将依赖咨询公司提供一个在正确领域具有这些技能的咨询师（或咨询师团队）。

因此，如果你想成为一名咨询师，你必须有值得出售的东西。因此，"万金油"一类的人很难进入咨询领域。

从咨询师的角度来看，作为咨询师的价值来自为客户做项目。这使咨询师能够应用和扩大他们在不同领域的专业知识。

即使是在最好的管理咨询机构中，也会有咨询师（像演员一样）偶尔在项目之间有休息的时间。对于新咨询师来说，这可能非常困难，并说明了上述观点的重要性：尽管咨询公司具有内在的优点，但咨询师最大的好处来自他们为客户所做的工作。

价值交换与咨询师职业生涯的相关性

因此，价值交换的概念对理解咨询和咨询师在其中的作用非常有帮助。与咨询师职业生涯有关的要点如下：

· 如果你想成为一名咨询师，你必须拥有潜在客户愿意购买的专业知识。这可能集中于技术专长或商业领域的知识，并体现在你的知识、经验和专门知识中。

· 如果你计划加入或已经加入一家咨询公司，那就考虑一下你的长远未来。如果你不打算成为一个知名的专家、业务开发人员或经理，公司是否会给你提供一个长期工作的机会？如果不是，你应该在何时退出？

· 决定你想从咨询经验中得到什么，这将增加你在就业市场上的价值。在运营和其他任务方面，它意味着什么？

· 实现这些目标的合适环境是什么？你需要决定自己是否愿意和是否有能力成为一个独立从业者；或者你是否应该加入一个公司，如果是的话，是加入大公司还是小公司。

在咨询公司工作

咨询公司普遍存在像许多其他专业公司一样的不足之处，它们自己也有一些专业问题。这一部分是针对所有正在经历咨询公司的文化冲击的人。大公司的困难更明显，所以我将集中进行讨论，但同样的问题将在一定程度上适用于小公司。它们将在下面的主张中进行解释。

咨询师不可能成为管理层

或者至少非常困难。这是因为咨询人员需要做出相反的行为：

· 作为咨询师，他们应该独立于客户，并根据自己的评估提出建议。
· 作为咨询公司的成员，他们需要遵守公司内部建立的规则和指导方针，并接受管理层的指导。

因此理想中的咨询师是一个"顺从的个人主义者"。实际上，在一家拥有100名咨询师的公司中，总会有99名咨询师准备对第100位咨询师的决定提出疑问，并告诉他如何才能使情况变得更好。

咨询师部队是军衔最低为上校的军队

进入咨询业的人通常都是在其杰出的职业生涯中成长起来的，他们在之前的岗位上表现出色。然而，一家咨询公司是由拥有同样杰出能力的人组成的。新来者可能很难适应这样一个事实，即他们在之后的工作中可能已经不再是出类拔萃的人了。此外，他们专业的意见以前是毫无疑问的，但在接受咨询公司的质量保证程序时，他们可能会因为需要证明其结论或重写报告而感到不安。

一名好的咨询师并不是一名好经理

正如在第12章中提到的，专业人员在执行专业任务时可以很容易地让管理任务往后排。即使是专业公司的最高级别管理层，你也常发现他们的工作内容不只是单一的管理；他们仍然有客户关系，也许还有交付责任。因此，咨询公司负责管理的人不会像其他行业的人那样全神贯注于管理。

此外，一个一流的咨询师和一个一流的经理的素质是不一样的。因此，晋升到管理职位必须小心处理管理任务，就像所有职业一样。在大一些的公司中，在不要求承担管理责任的情况下（也许通过提供并行的专家和管理级别），为职业发展留有余地是明智的。

这种理想必须受到商业需要的制约

咨询师喜欢通过扩大他们的工作范围和行业种类来增长经验。相反，客户更喜欢那些已经在他们的行业中处理过问题的人。

同样，咨询师也喜欢选择自己所承担的任务，以实现个人的发展目标。然而，销售情况很少能满足这些需要，公司有强烈的经济动机让咨询师从事收费工作。

在这两种情况下，妥协是必要的，特别是对新的咨询师来说，这意味着他们必须不时地执行与理想相去甚远的任务。令人高兴的是，大多数人发现，一旦他们有了更多的经验和更深的资历，他们就能够有更多选择。

最后……

咨询师卖出他们的时间，价格是由他们在这段时间内所能实现的价值决定的。专业知识越稀有，需求量越大，要价就越高。因此，永远不要忘记，作为一名咨询师，你是在向你的客户或雇主推销什么。它可能是你作为技术专家的技能，或者是你对特定市场或行业的知识，也可能是你在产品开发、业务开发或管理方面的特长。不管是什么，一定要好好审视自己，认识到自己的价值所在，有选择地增加自己的知识和经验，以此来提升自己的价值。

最后说一句积极的话：我大部分的工作时间都是在大中型企业作为管理咨询师度过的，现在我有了自己的小公司。每个阶段都有优点和缺点，但总的来说，我还是非常喜欢这些经历过的阶段。我希望你和你的客户能像我一样，不仅能从咨询业中获得巨大的价值，还能从中获得巨大的乐趣。

出版历史

第一版《实践咨询》1987

第二版《实践管理咨询》1991

第三版1997

第四版2003

第五版2007

第六版2013

第七版《咨询的艺术》2019